训练全脑思考力的超人气图形游戏

[美] 艾伦·布莱登　莱昂纳多·费勒斯　著
方　捷　译

世界图书出版公司
上海·西安·北京·广州

图书在版编目(CIP)数据

训练全脑思考力的超人气图形游戏 / (美)布莱登,(美)费勒斯著;方捷译. —上海:上海世界图书出版公司, 2011.12

ISBN 978-7-5100-3890-7

Ⅰ. ①训… Ⅱ. ①布… ②费… ③方… Ⅲ. ①智力游戏 Ⅳ. ①G898.2

中国版本图书馆 CIP 数据核字(2011)第 171818 号

The American Edition is published under the title "Exercises for the Whole Brain" by Brainwaves Books

(ISBN 0.916410.65.X)

训练全脑思考力的超人气图形游戏

[美]艾伦·布莱登 莱昂纳多·费勒斯 著 方捷 译

上海世界图书出版公司 出版发行

上海市广中路 88 号

邮政编码 200083

宁波市大港印务有限公司印刷

如发现印刷质量问题,请与印刷厂联系

质检科电话: 0574-87582215

各地新华书店经销

开本: 890×1240 1/32 印张: 4.25 字数: 36 000

2011 年 12 月第 1 版 2011 年 12 月第 1 次印刷

印数: 1-8000

ISBN 978-7-5100-3890-7/G·292

图字: 09-2011-345 号

定价: 18.00 元

http://www.wpcsh.com.cn

http://www.wpcsh.com

本书专为解决现实难题而设计，

并用娱乐的方式训练能够解决此类难题的头脑。

序 言

“用进废退”是一个常见的谚语，这句话对于那些正在与衰老作斗争、力争保持智力的人则有着特别的意义。最近，有关认知科学的研究证明，对大脑中的重要部分进行刺激，不仅能极大地延缓大脑的自然衰老，而且还能够改进脑细胞的功能。理解以下观点也很重要：大脑的各个机能之间不是在争夺空间和资源，而是在互相促进。“合众为一”对我们大家来说，在日常生活中都是有指导意义的。

我们设计了本书中的练习，希望能以游戏的方式从各个方面来挑战大家的智力：演绎推理；创新的视觉表达形式；符号和规则的运算；利用文字和语法规则来解决一些非语言类难题。创造力是把各种不同的能力组合在一起，互相促进。头脑风暴是一种基于右脑的活动，在一定程度上是非判断性的、发散的，而不是聚合的，也就是说头脑风暴不针对一个明确的答案。但是为了获得一个好的答案，任何头脑风暴都会遵从严格的评估标准，从逻辑上分析每一个主意的结果，从而辨别出好的主意。反过来说，就是对每一个主意进行演绎推理，得到它在逻辑上的后果，从而进一步寻找到问题的客观结论，并发现我们常说的“好主意”。

同样的，测算一个“**路径题**”中的细节，并将这些细节组合到一起，可以获得进一步的、内在的认识。通过视觉获得的直觉可能会带来问题的正确答案，也可能不会。

“**数字题**”是一种传统的左脑练习，需要调动你的大脑左半球。但是很多这类游戏包含视觉元素，从而也能开发右脑。在分析一组数字时，不仅要考虑到数字之间数学上的关系，也要考虑数字在空间上的布局。

“**眼力题**”是一类基于视觉的逻辑题,主要锻炼右脑的空间的运算和推理能力。举例来说,读者在解答第 50 页上的“生与死的逻辑”这道题时,总是会在他们的大脑中以图形的方式将题目重现出来,然后寻找答案。

“**空间题**”也是一类锻炼右脑空间能力的题目。但是,在解答这类题目时需要不停地尝试不同的解法,并跟踪或记录曾经尝试过的方法,无论它们是正确的还是错误的。这样,左脑的语言能力以及计划、组织、思维、跟踪能力也得到了应用和锻炼。

当一道用图形方式展现出来的题目可以用语言来描述并解答时,就是一道锻炼左脑的题目。基于语言的解题能力有用或无用,没有确切的结论。每个人的大脑的工作方式都是不同的,你会发现你的解题方法与你朋友的方法都是不同的。因此,如果你能与你的朋友结对来做一些题目,会更有趣。第 48 页的“配对”是一个很好的例子,能体现出你与你朋友的大脑的区别。无论如何,我们相信,方法和思路越多,越有价值。

建议:

- 我们给每道训练题都提供了提示信息,它们被倒着印在训练题的后两页上。
- 我们给每道训练题都提供了答案,它们被倒着印在题目的后五页上。不要急着看答案,那样会极大地减少训练题的挑战性。
- 建议使用另外的草稿纸来帮助你解题和记录答案,这样你就可以使这些题目保持原样,去挑战你的朋友们。
- 建议用描图纸来解答并检查迷宫题。为了让这类迷宫题更具挑战性,你可以在纸上剪一个边长五厘米的方格,并用这张纸覆盖迷宫,这样你只能从这个小方格里观察迷宫,并随着需要移动格子。

目　录

路线题

1. 荡秋千的考拉

当考拉拉动绳子，请根据滑轮、皮带和轴杆的运动方向，判断每个标有数字的盒子是上升还是下降，把答案写在每个盒子的旁边。你可以假设考拉的体重可以克服所有的摩擦力和盒子的重量。答对九个：优秀；七个：良好；五个：一般。提示在第10页底部，答案在第13页。

提示60：有什么区别

改变很小，但是很多细节被忽略或是合并了。

答案 59：读心术

当有人说“第 2 行，第 4 行和第 5 行”，请观察左边第一列数字，其中第 2、4、5 行中右下角数字是“8、4、2”。这 3 个数字的和是 14，现在寻找右下角数字是 14 的符号。那答案就是圆圈里的五角星。

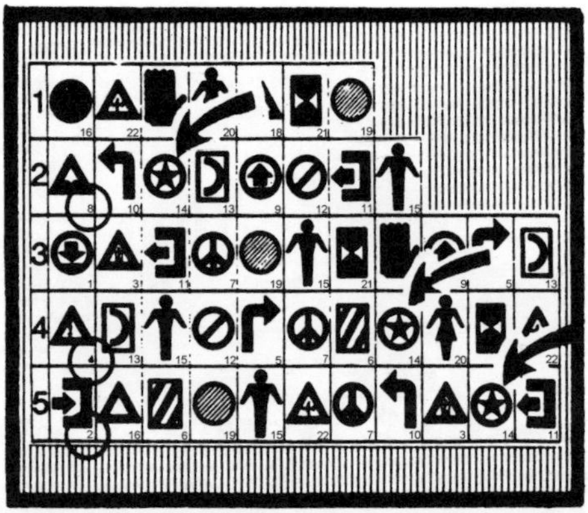

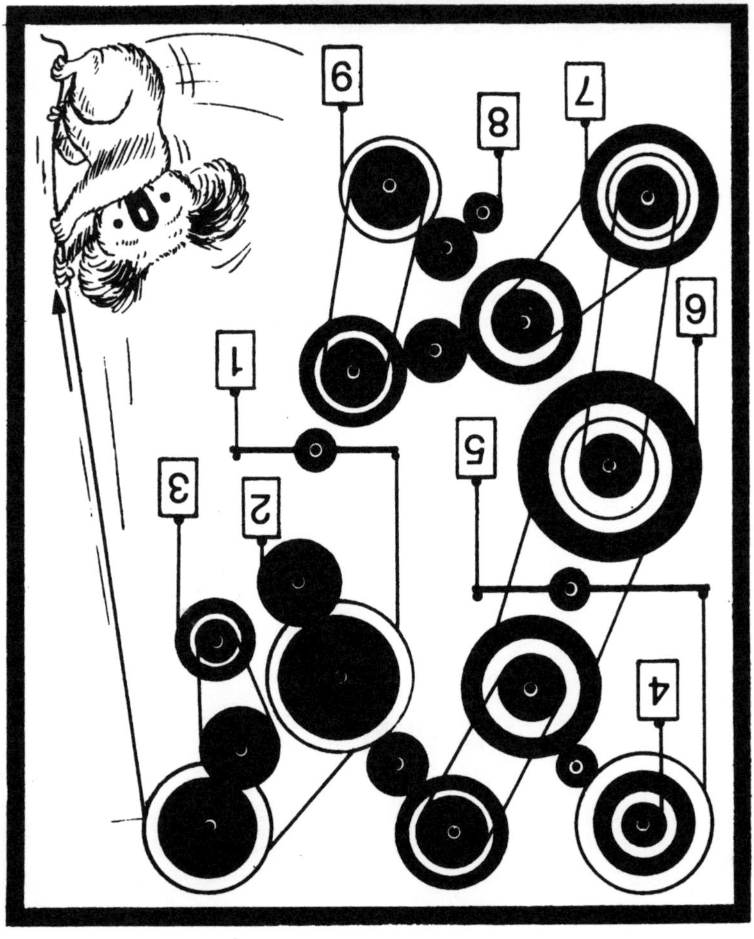

空间题

2. 夏日倒影

画家画了一幅夏日写生图，是一个池塘的倒影，但是他犯了几个错误。你能找出上面图画和下面倒影之间的十个不同之处吗？请在上下部分分别圈出不同之处，平均所需时间是五分钟。提示在第 12 页底部，答案在第 15 页。

提示1：荡秋千的考拉

由皮带连接的滑轮按同一个方向旋转；直接接触的滑轮按相反的方向旋转。杠杆的一段上升，则另一段下降。

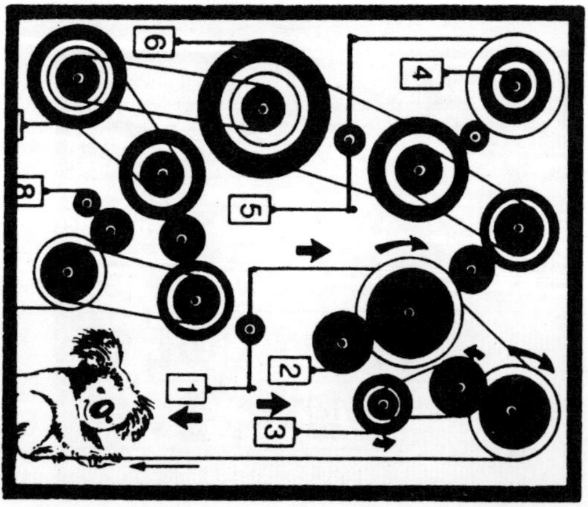

答案60：有什么区别？

路线题

3. 跳马

从任何一个标着“马”的格子开始，按照国际象棋中马的走法（跳“日”字）移动马，但是只能落到有黑点的格子里。而且同一个黑点格子只能落一次；如果马跳到底线，则不能沿原路返回。获胜的标准是将马跳到五角星上。如果想进一步提高难度，可以用一张纸，从中间剪一个洞盖住棋盘，让自己每一次只能看到棋子附近的黑点。提示在第 14 页底部，答案在第 17 页。

提示2：夏日倒影

上半部分的毛虫有一只眼睛，而下半部分的毛虫没有。其他的九个不一样的地方，你能找出来吗？

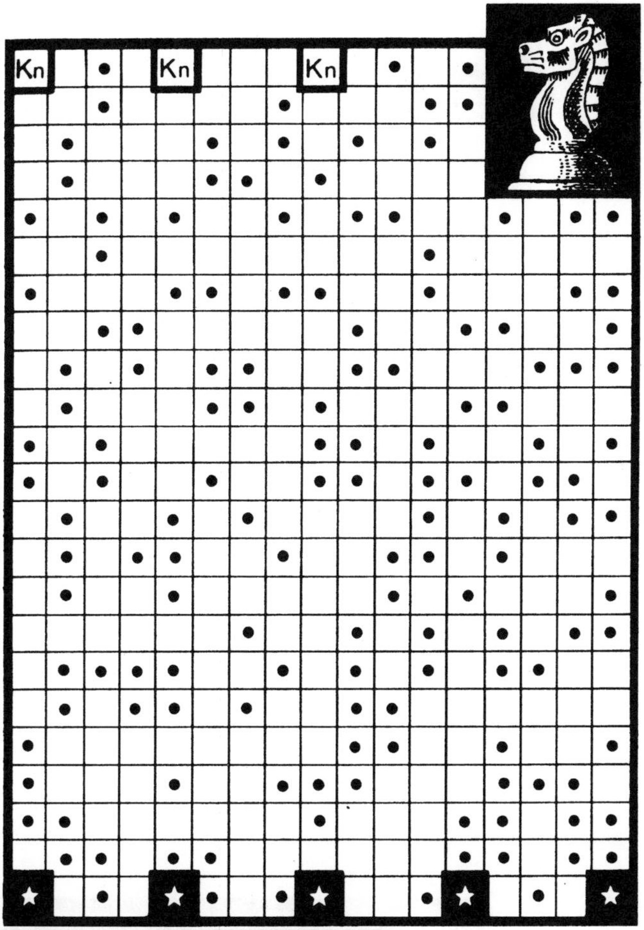

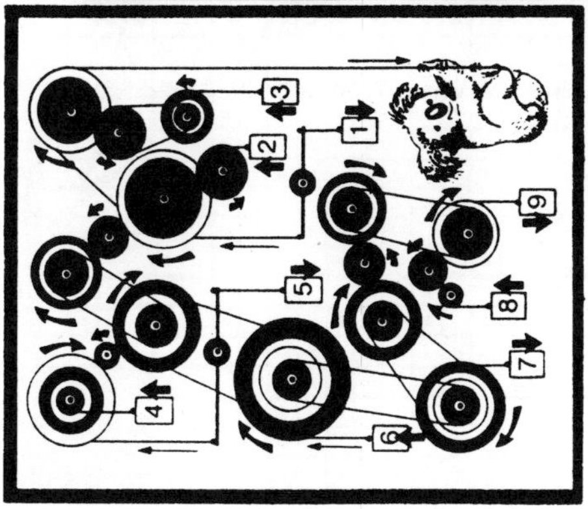

答案 1：荡秋千的考拉

数字题

4. 填表格

当我们解谜题的时候，总是先找出一个模式，然后用这个模式去一点一点地试。老鼠走迷宫也是使用这种方法(老鼠是被迷宫外面的食物吸引着去走迷宫)。本谜题也可以用同样的方式来解决，表格中最上面三排的数字有一个共同的数学规律，找出来并以此为依据推算底下一行空格中的数字。请不要把数字写在表格上，否则其他人就不能做这个游戏了。计时，看看谁用的时间最短。提示在第 16 页底部，答案在第 19 页。

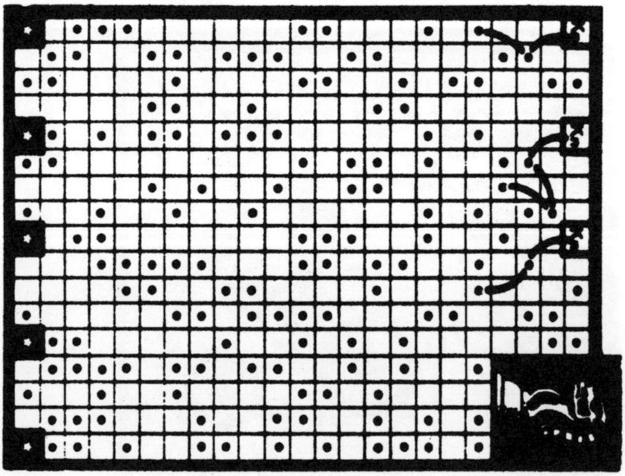

提示3：跳马

图上有三种路线，但是都不正确。正确答案(图上没有)需要二十六步走到五角星上。如果你还想不出来，可以从五角星出发，倒着推出路线。

7	4	8
3	9	7
6	5	10
?	8	4

答案2：夏日倒影

路线题

5. 中东边界

中东的七个国家有边界冲突，现在有一个办法能快速结束冲突：在地图上画三条直线，将地图分成若干区域，并且保证每一个区域中只有一个国家。亨利用了三年时间没有想出来，吉米也在试，你应该能在三分钟里想出来。另外：在下面列表中的数字旁边写出国家的名称，然后将数字填在相应的地图旁边的圆圈内。填对七个：优秀，五个：良好，四个：一般。提示在第 18 页底部，答案在第 21 页。

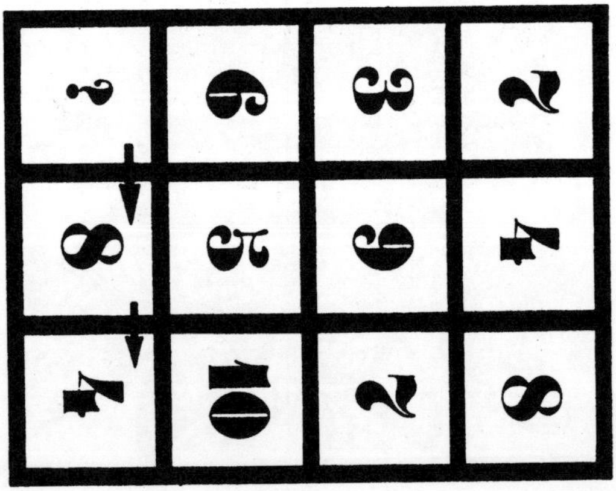

提示4：填表格

将第一和第二个数相乘，再减去第三个数。这样你就能找到答案了。

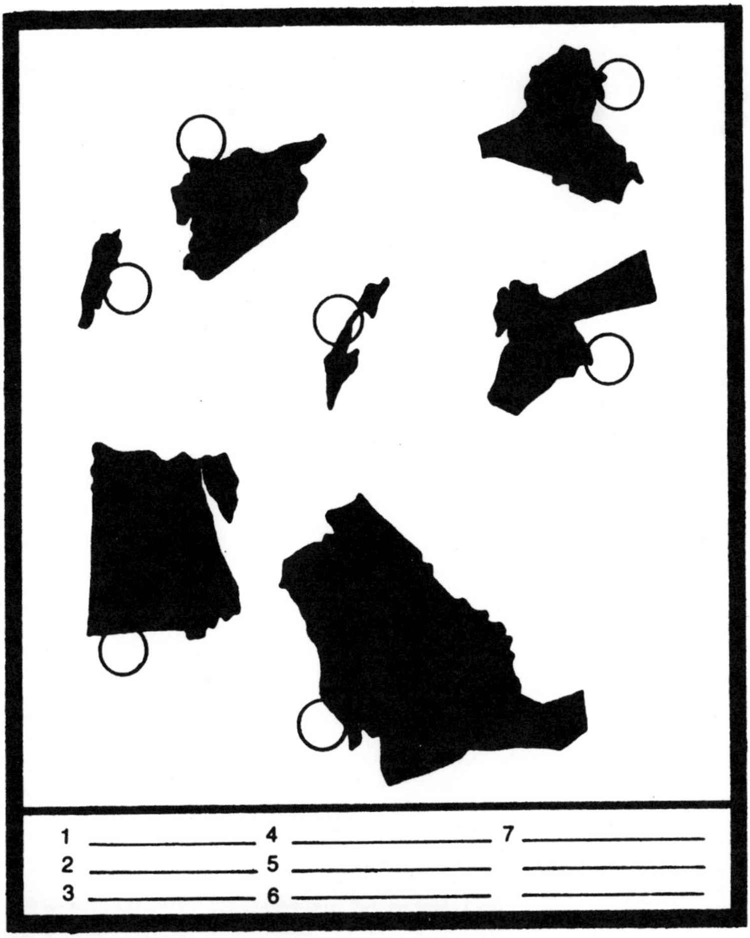

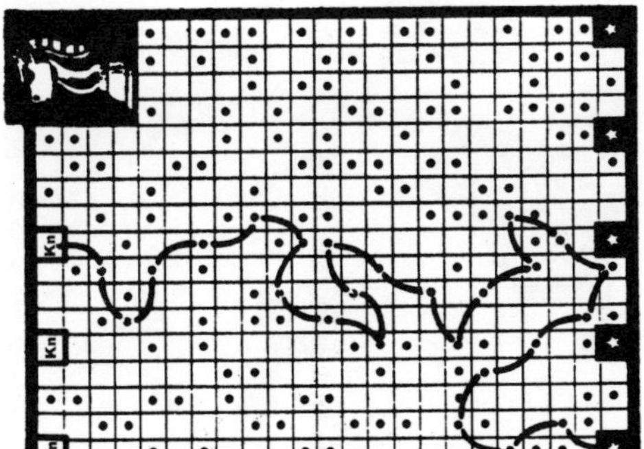

答案3：跳马

眼力题

6. 三盒鲜花

三盒鲜花，一盒是玫瑰，一盒康乃馨，第三盒是一半玫瑰一半康乃馨，但是三个盒子的盖子弄乱了。现在请你选择一个盒子，闭上眼睛，从盒子里拿出一只鲜花，然后睁开眼睛。你能够根据你手上的花正确地判断出三个盒子里的鲜花种类吗？标准用时是三分钟。提示在第 20 页底部，答案在第 23 页。

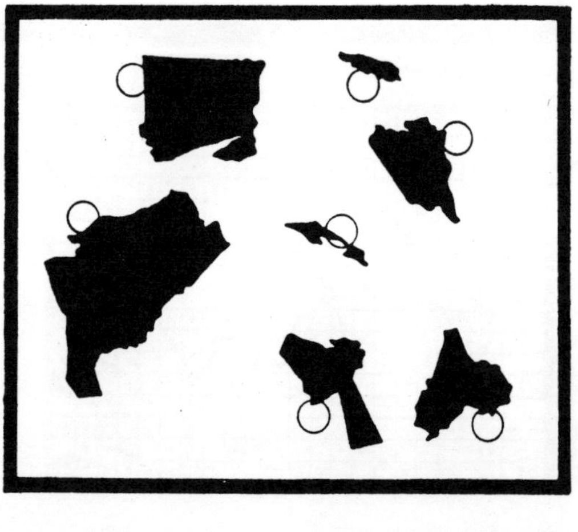

提示5：中东边界

黎巴嫩，左上角的小国家；以色列，中间的小国家，应该分别位于一个三角形区域内。你画的第一根直线应该将沙特阿拉伯和埃及分开，并将叙利亚和伊拉克分开。

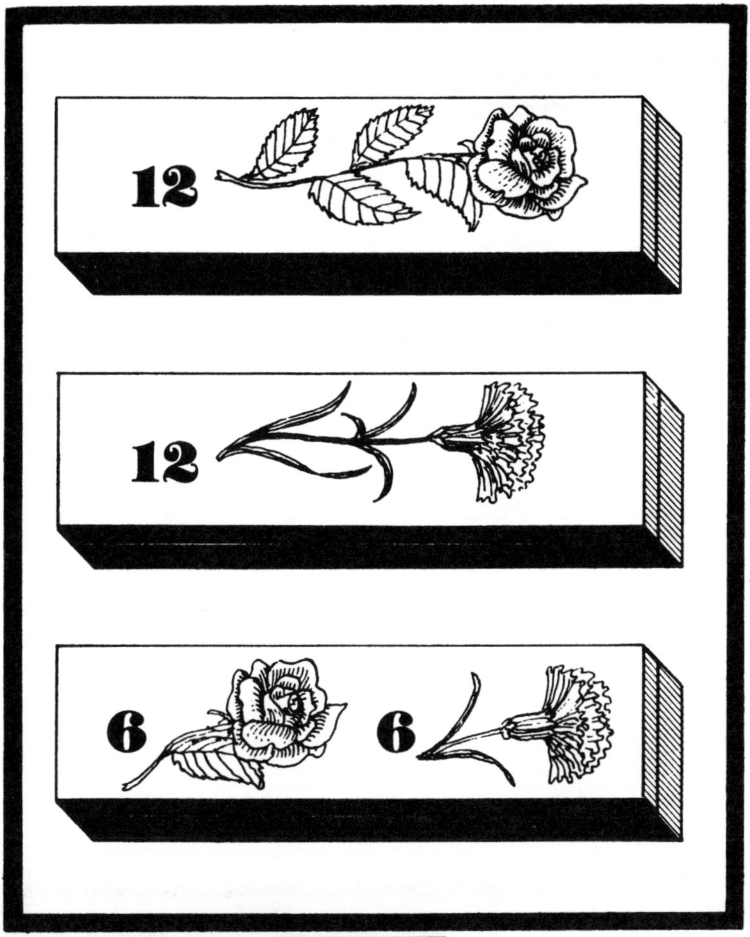

答案4：填表格

7	×4	−8=20
3	×9	−7=20
6	×5	−10=20
3	×8	−4=20

路线题

7. 硬币跳棋

和你的朋友做下面这个游戏。在 3 和 8 的位置各放上一个一分硬币，在 5 和 10 的位置各放一个一角的硬币。沿虚线移动硬币，每次可以移动多个格子，但是不能拐弯，目标是把一分和一角的硬币互换位置。每个格子里只能放一个硬币，硬币移动时不能跨越其他硬币。高手完成这个目标只需十步，甚至更少，你呢？提示在第 22 页底部，答案在第 25 页。

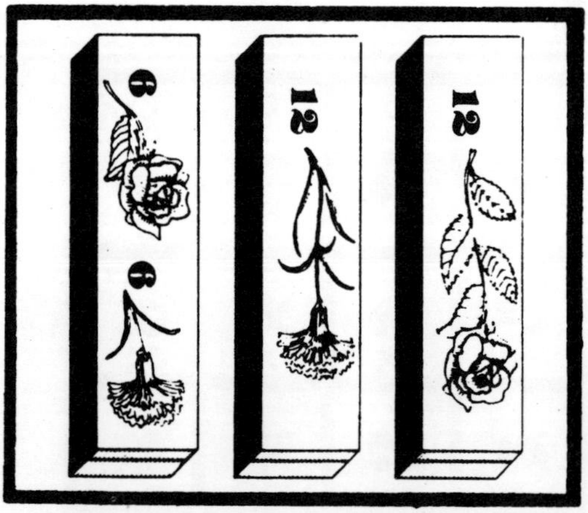

提示 6：三盒鲜花
选择盒盖上的内容最丰富的盒子。

答案 5：中东边界

1. 沙特阿拉伯
2. 叙利亚
3. 黎巴嫩
4. 伊拉克
5. 约旦
6. 以色列
7. 埃及

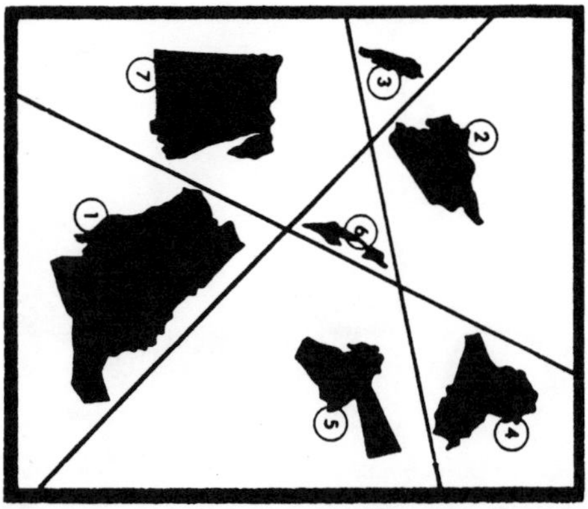

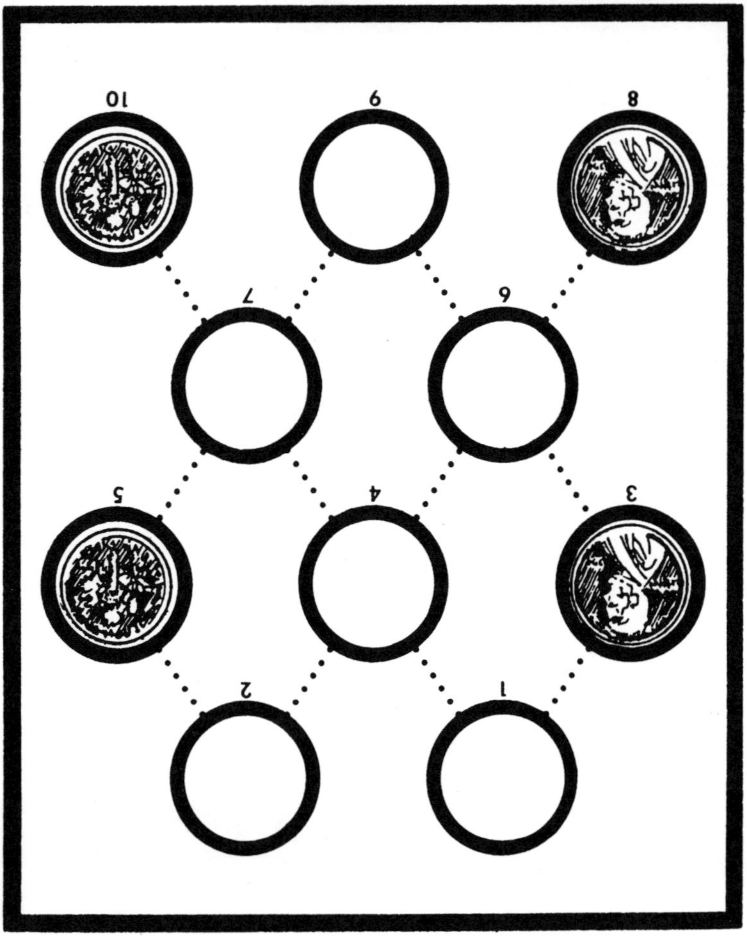

数字题

8. 数学课

老师在黑板上出了四道数学题，请四个学生来回答。学生们的答案在右边的格子里，小的数字是题目的编号，大的数字是学生的答案。老师说："你们数学真差！三个学生答对了两题，还有一个学生一题都没有答对。"你能根据这些情况判断出每道题目的正确答案以及哪个学生一题都没有回答正确吗？提示在第24页底部，答案在第27页。

时间：一分钟，优秀；三分钟，好；五分钟，一般。

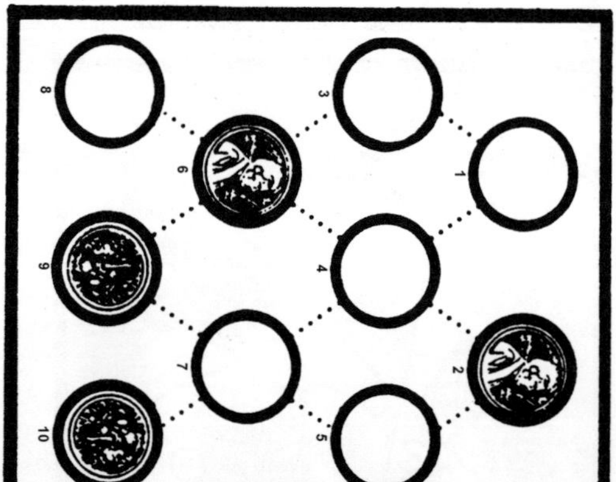

提示7：硬币跳棋

将8号格子里的硬币移到2号格子，3号格子里的硬币到6号格子，5号格子里的硬币到9号格子。

答案 6：三盒鲜花

选择盖子是两种花的盒子，如果你拿到玫瑰，则这个盒子里肯定是十二支玫瑰（因为盒子是盖错的），盖子是“十二支玫瑰”的盒子里是十二支康乃馨，盖子是“十二支康乃馨”的盒子是六支玫瑰＋六支康乃馨。另外一种情况，你拿到一支康乃馨，则盒子里肯定是十二支康乃馨，盖子是“十二支康乃馨”的盒子里是十二支玫瑰，盖子是“十二支玫瑰”的盒子里是六支玫瑰＋六支康乃馨。

数字题

9. 时间碎片

考拉先生发现了一个意大利古老石钟的钟面，在 1733 年的起义中，一颗炸弹的近距脱靶将钟面炸出了几道裂纹，这些裂纹把钟面分成了四块，每一块中的罗马数字之和正好是 20。图片中是另外一个例子，每一块碎片的和不是 20。你能想出钟面上的裂纹是怎样的吗？平均成绩是用六分钟想出一种答案。提示在第 26 页底部，答案在第 29 页。

提示 8：数学课

学生 A 和 B 都答对了第一题，其中的一个还答对了第二题，另外一个则答对了第三题。现在你如果还想不出答案，剩下的逻辑题你都不用做了。

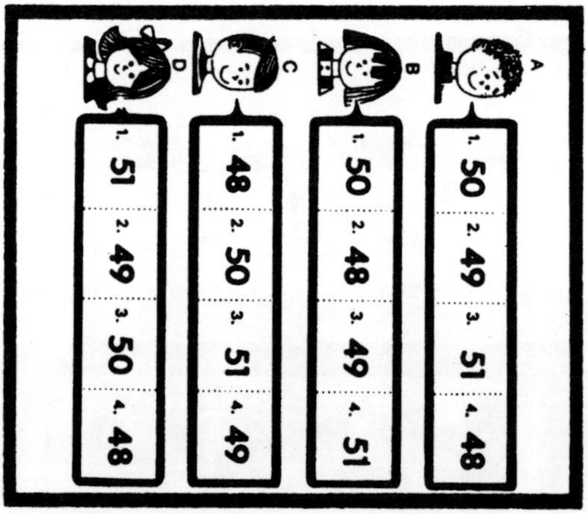

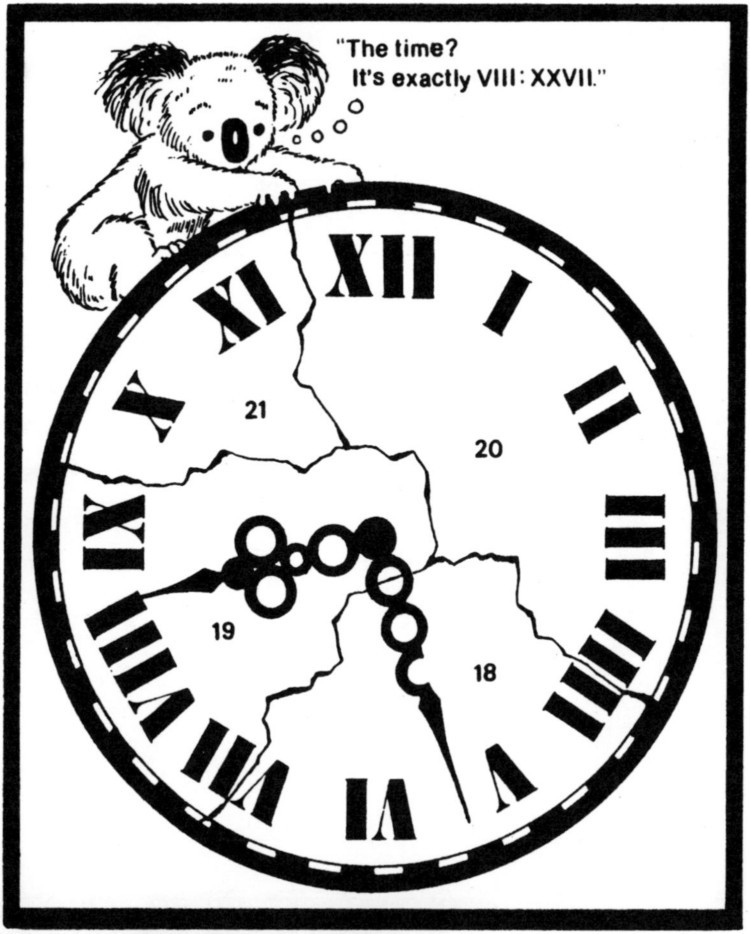

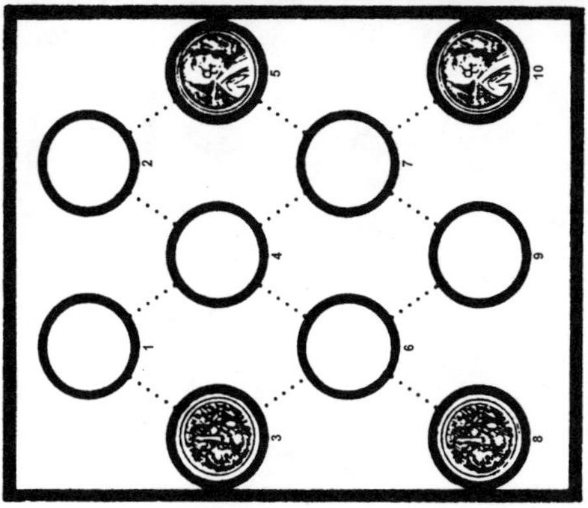

答案7：硬币跳棋

将圆圈8中的硬币移到圆圈2，然后3到6，5到9，10到1，2到5，6到4，9到6，1到3，4到10，最后6到8。

眼力题

10. 成双配对

你是否曾经好奇：为什么有很多幸福度日或者说“正常的”的人们宁愿终生独居？又为什么自然界有那么多东西是成对出现，比如耳朵和鼻孔？为什么你会好奇呢？为什么选择麻木的、从众的做法，会被认为是好做法呢？要是没有这种选择，人们的生活又会变得多糟呢？图片列出了各种各样的物品，其中几乎所有东西都是成对的，有趣的是总有不成对的。请在四分钟以内找出那些没有成双配对的物品。提示在第 28 页底部，答案在第 31 页。

提示9：时间碎片

图上画出了一道裂纹，请想出其他的裂纹。

答案 8：数学课

四道数学题的正确答案：

问题 1：50

问题 2：48

问题 3：51

问题 4：49

学生 A 答对了题目 1 和 3

学生 B 答对了题目 1 和 2

学生 C 答对了题目 3 和 4

学生 D 没有答对

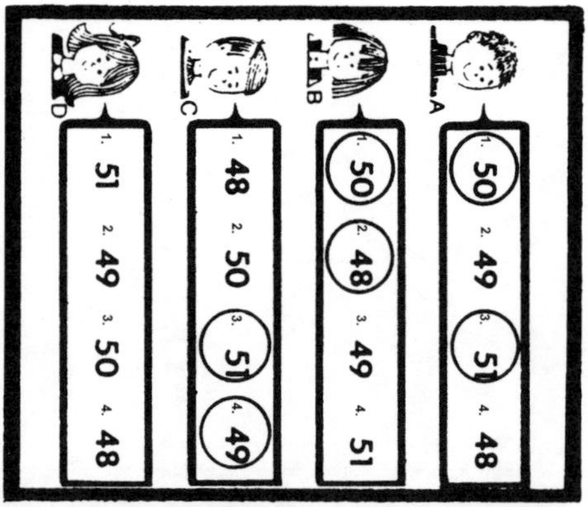

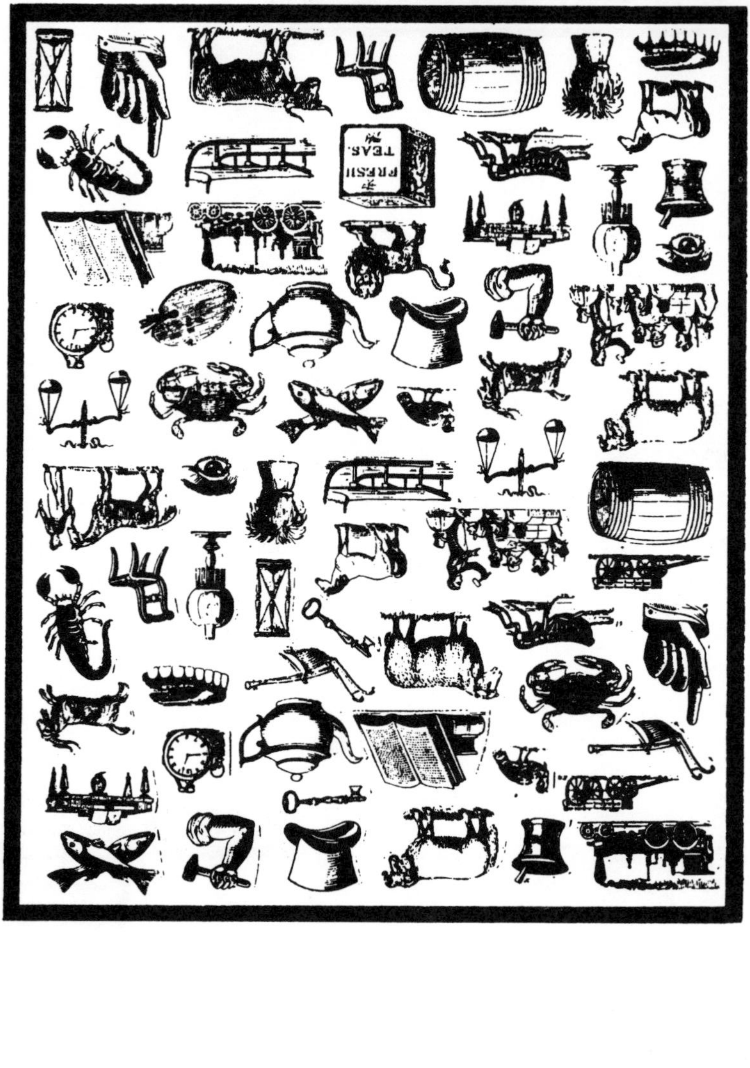

11. 青蛙驸马

漂亮的公主在哭泣，因为国王给她那漂亮但是愚蠢的恋人出了一道题。国王说：你可以牵我女儿的手，但是你首先必须把地图中标有数字的县分成四个形状完全一样的省，而且每个省所包含的县的数字加起来正好是45。漂亮而愚蠢的年轻人永远也没有想出答案，公主则嫁给了青蛙，因为它只用了一分钟十九秒就解决了问题。你有青蛙那么聪明吗？提示在第30页底部，答案在第33页。

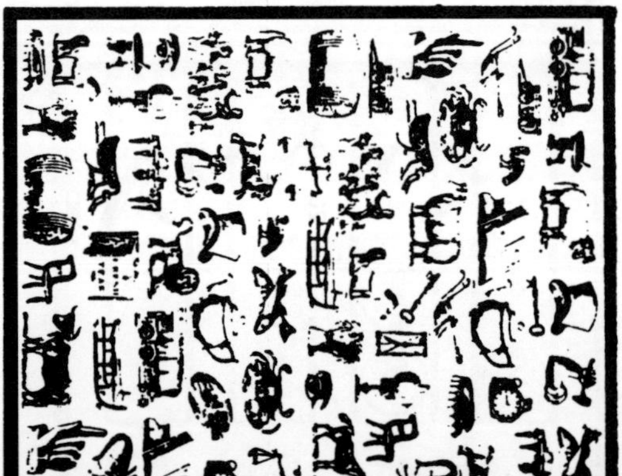

提示10：成双配对

先找出温血动物和茶壶。

3	9	5	1	4	3
8	6	2	7	5	8
9	7	1	8	3	1
4	5	3	9	7	6
2	6	8	6	1	2
7	4	5	2	9	4

答案9：时间碎片

专家说一共有十三种分法，图上画出了一种。你想出了几种？

眼力题

12. 甜甜的逻辑

仔细研究最上面两排的蛋糕，从中找出规律。然后从带有标号的蛋糕中找出一个，填在第三行中的问号处。如果你用时十五秒，奖给你自己一个蛋糕；用时一分钟，你只能吹蜡烛；用时五分钟：你只能求别人赏你一口饭吃了。提示在第32页底部，答案在第35页。

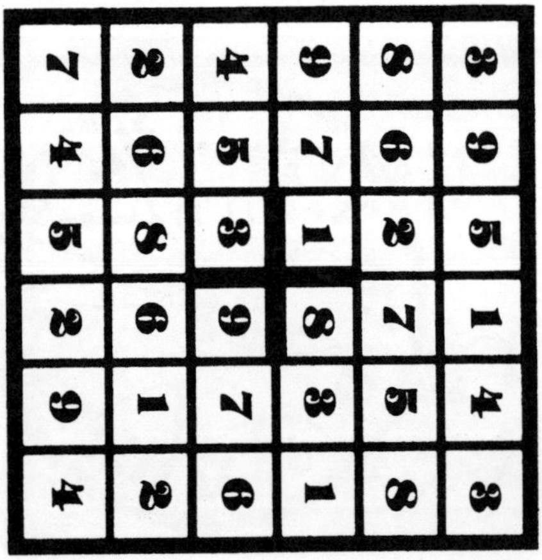

提示11：青蛙跳方

每个宫都包含从1到9每个数字。图中的粗线条是正确答案的提示。

答案 10：成双配对

1. 牵马的骑士
2. 绵羊
3. 茶叶盒子
4. 公牛
5. 调色板
6. 狮子

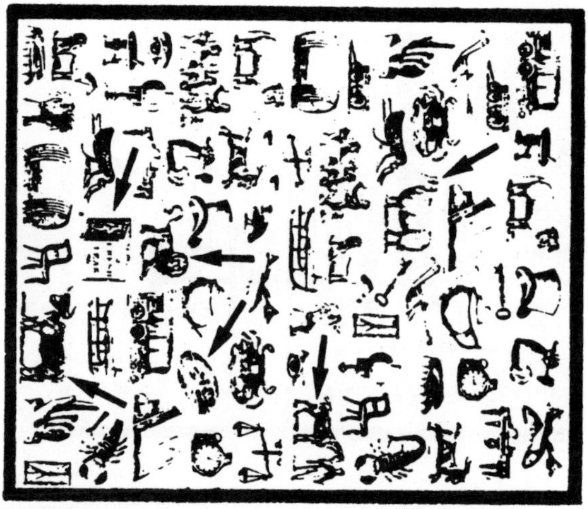

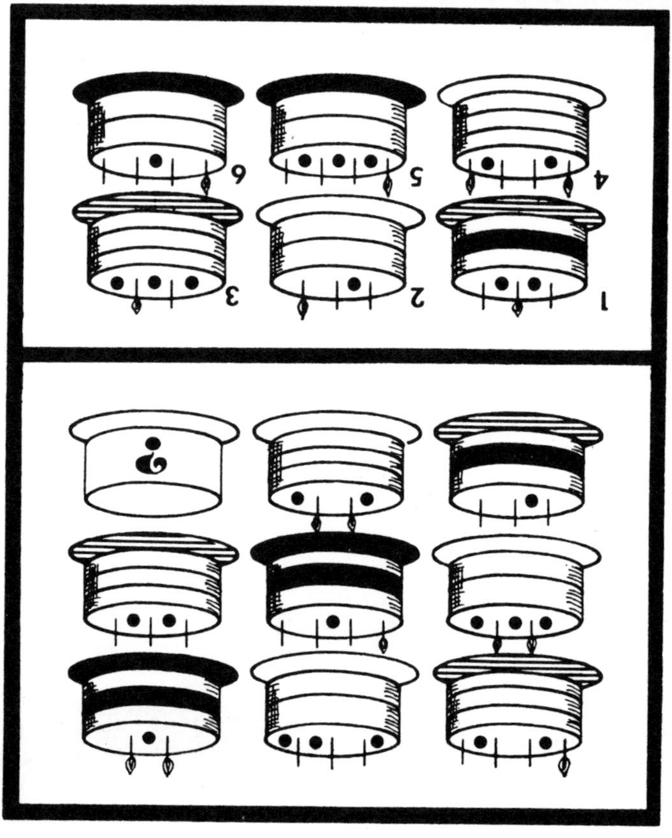

路线题

13. 聪明的鹰

想象你是一只鹰，盘旋在墨西哥丛林深处古玛雅神庙遗址的上空。你看到了遗址边上一只胖胖的美洲豹幼仔，你对它说：小猫，从你现在的位置（X）出发，如果能够穿过神庙所有的门，走到神庙的里面（Y），而且路线不重复，我就不会俯冲下来用我锐利的嘴和爪把你撕成碎片。现在，如果你是美洲豹幼仔，你有 120 秒的时间逃跑。提示在 34 页，答案在 37 页。

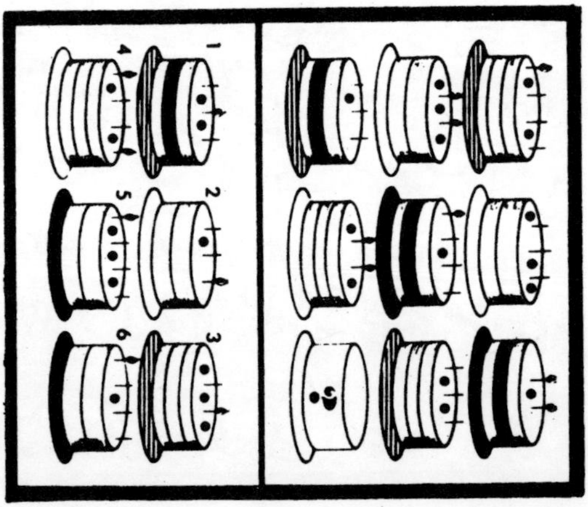

提示 12：甜甜的逻辑

请不要受到蝴蝶和樱桃的影响。

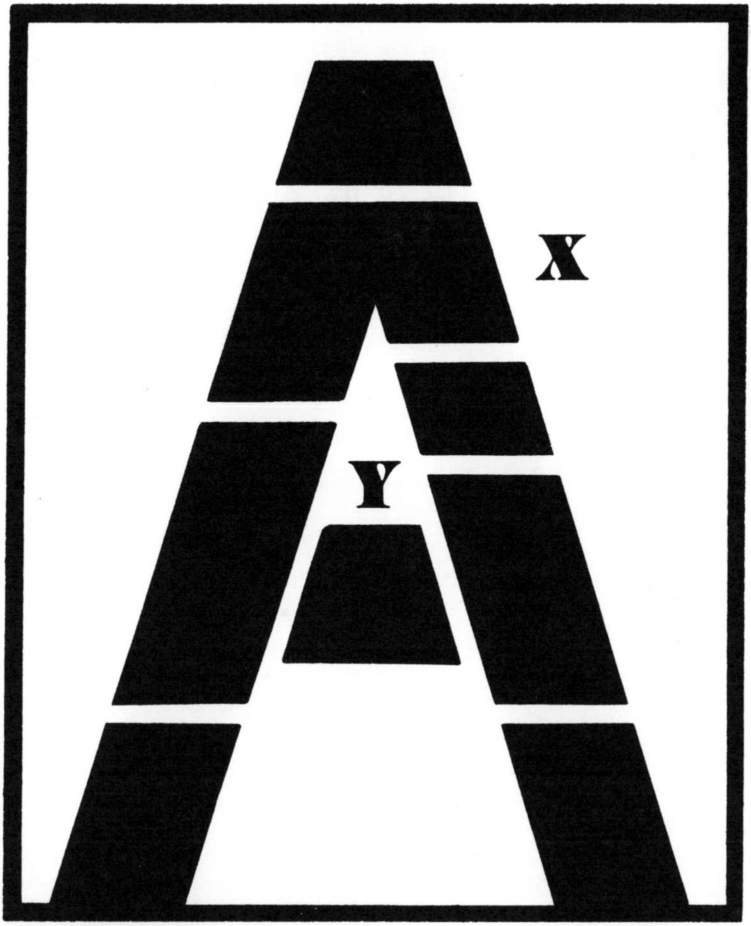

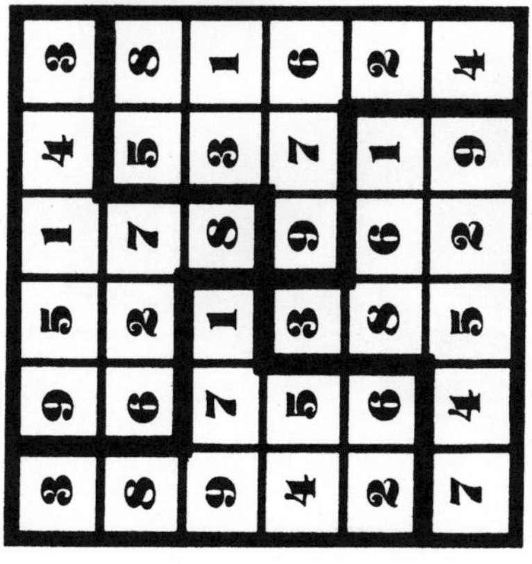

答案 11：青蛙驸马

空间题

14. 破碎的圣像

一个基督教的苦行僧在库迈女巫的石窟里穷其一生徒劳地复原一个古代石刻。石刻上有八个地方被野蛮的入侵者切下来了。图上显示了苦行僧临死前石刻的样子，他请求女巫帮助他完成修复工作。女巫用 43 秒就用脚趾完成了工作。你呢? 提示在 36 页，答案在 39 页。

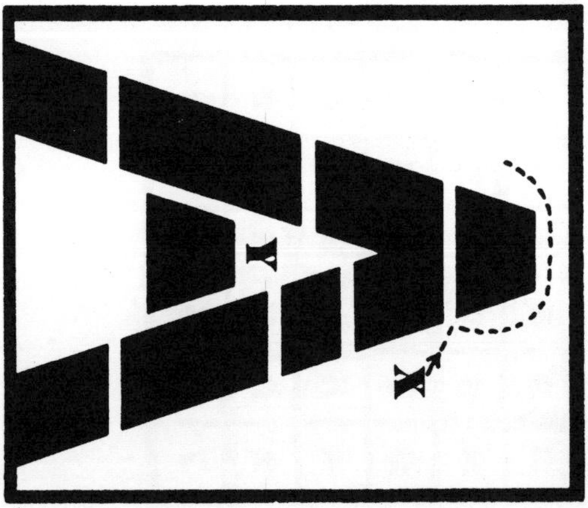

提示 13：聪明的鹰

年轻的美洲豹曾想直接跳过最上面两个建筑之间的门。后来，他找到了正确的道路，就是要从神庙底部的上面绕行。

答案 12：甜甜的逻辑

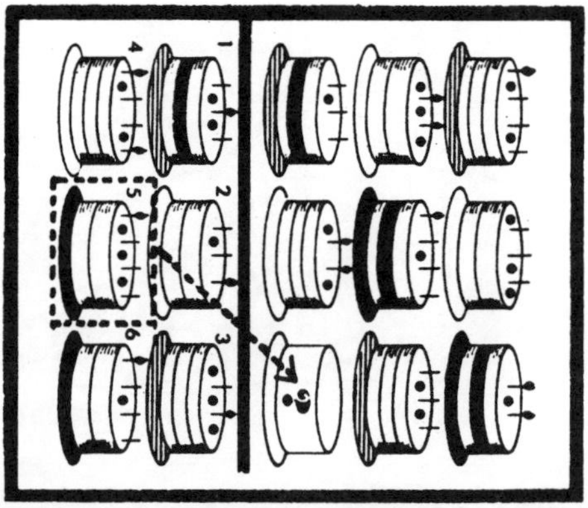

5 号蛋糕是正确答案。

每排有：

a. 每种盘子各一个

b. 一个两层白色的蛋糕，
一个三层白色的蛋糕，
一个两层白色和一层黑色的蛋糕

C. 2、3、4 支蜡烛

D. 1、2、3 颗樱桃

数字题

15. 准确射击

射击移动目标是困难的，但是我们相信你能射击七枪而赢得一个洋娃娃。对每一排射击两枪，第七枪射击奖励靶。如果你的数学够好，你所射击的数字，包括奖励靶上的数字，算出来正好是225。如果在五分钟内想不出答案，就出去休息一下再继续。提示在38页，答案在41页。

提示14：破碎的圣像

如图所示，先将碎片1和3放到正确的位置。

A
B
C
D
E
F
−4
×6
−8
+52
÷3
+46
G
H
J
K
L
M
×6
+43
−13
÷2
−32
+7
N
O
P
Q
×2
−73
−26
×3
+24
SCORE
225
and
WIN

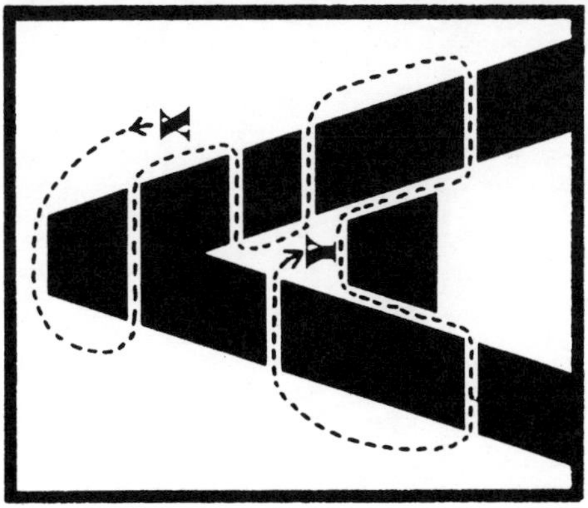

答案 13：聪明的鹰

路线题

16. 狗的故乡

三条狗：阿富汗猎犬(A)，腊肠(B)，狮子狗(C)，他们的故乡是三个不同的国家，如图所示。实际上，有两条狗来自同一个国家，首先写出这些国家的名字，然后将代表不同狗的字母填在他们故乡的地图旁边的格子里。最后将每条狗与他们的故乡连起来，并保证所有的连线不交叉。平均用时是四分半钟。提示在 40 页，答案在 43 页。

提示 15：准确射击

如图所示，一行一行往下射击。

答案14：破碎的圣像

数字题

17. 黑色 13

如图所示九张数字牌，请调整牌的位置，使得每个横行（格子中的数字）和每个竖行（格子外的位置）中的三个数字加起来都等于 13。平均使用时间是十分钟。提示在 42 页，答案在 45 页。

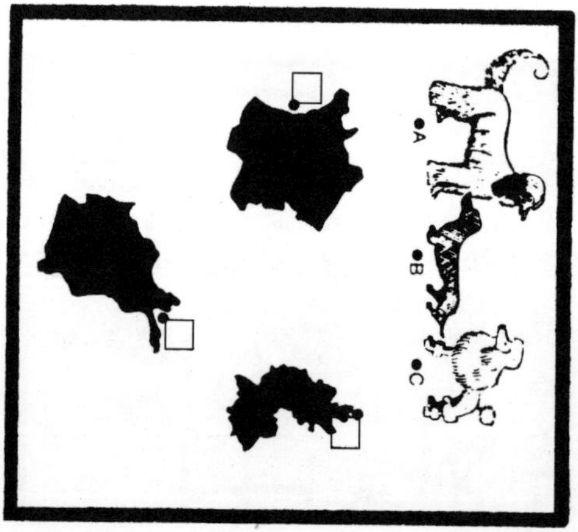

提示 16：狗的故乡

A：阿富汗，B：柏林，C：……。一只大狗来自最小的国家，狮子狗来自法国。

答案 15：准确射击

第一行：+52×6＝312

第二行：312-32＝280÷2＝140

第三行：140-73＝67×3＝201

奖励靶：201＋24＝225

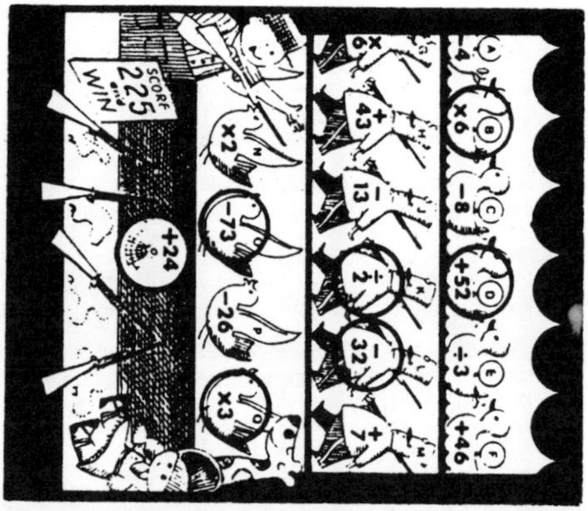

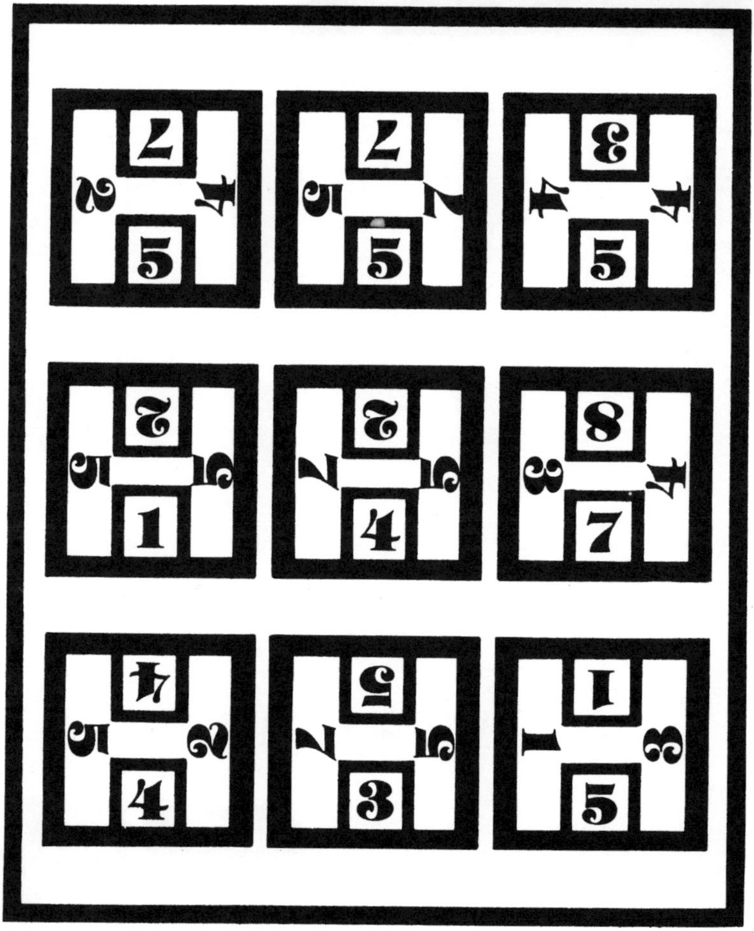

空间题

18. 移花接木

普利彻特太太将她女儿的花移动了一下，使得所有花的黑色花心排列在四条直线上，每条直线上都有三朵花。老太太用了九秒做到的，你呢？提示在 44 页，答案在 47 页。

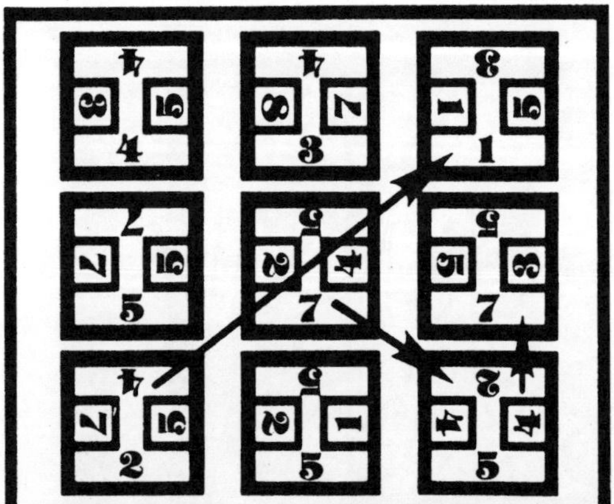

提示 17：黑色 13

图中显示了第一和第二行的牌如何移动，剩下的就留给你了。

答案 16：狗的故乡

A：阿富汗

B：德国

C：法国

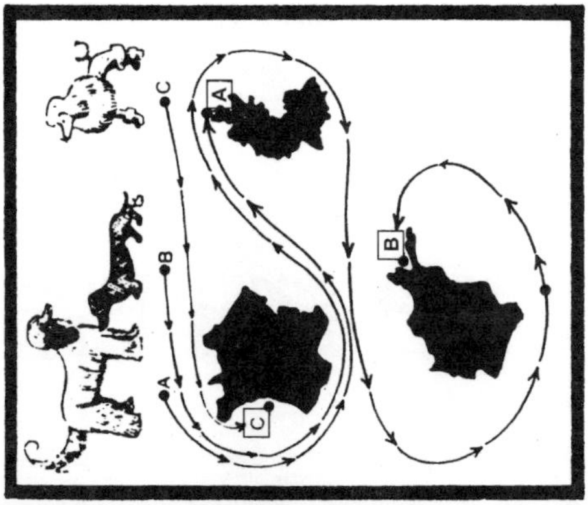

空间题

19. 骰子

八颗骰子,每颗骰子上数字的顺序都是不同的。有关骰子 A,我们只知道箭头所指的面上的数字是 1,请问骰子 A 的底面数字是多少?

骰子 B 的右面数字是__________

骰子 C 的底面数字是__________

骰子 D 的上面数字是__________

骰子 E 的底面数字是__________

骰子 F,G,H 的底面数字是__________

回答出八个:优秀;五个:良好;三个:一般。提示在 46 页,答案在 49 页。

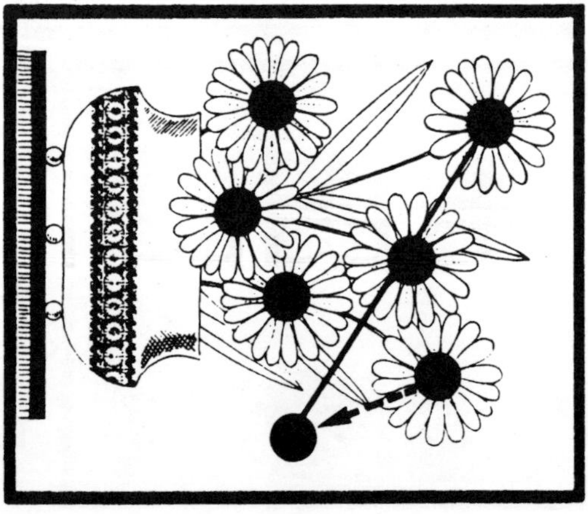

提示 18:移花接木

这里我们给你移动一朵花。如果再移动一朵,就不是提示,而是答案了。

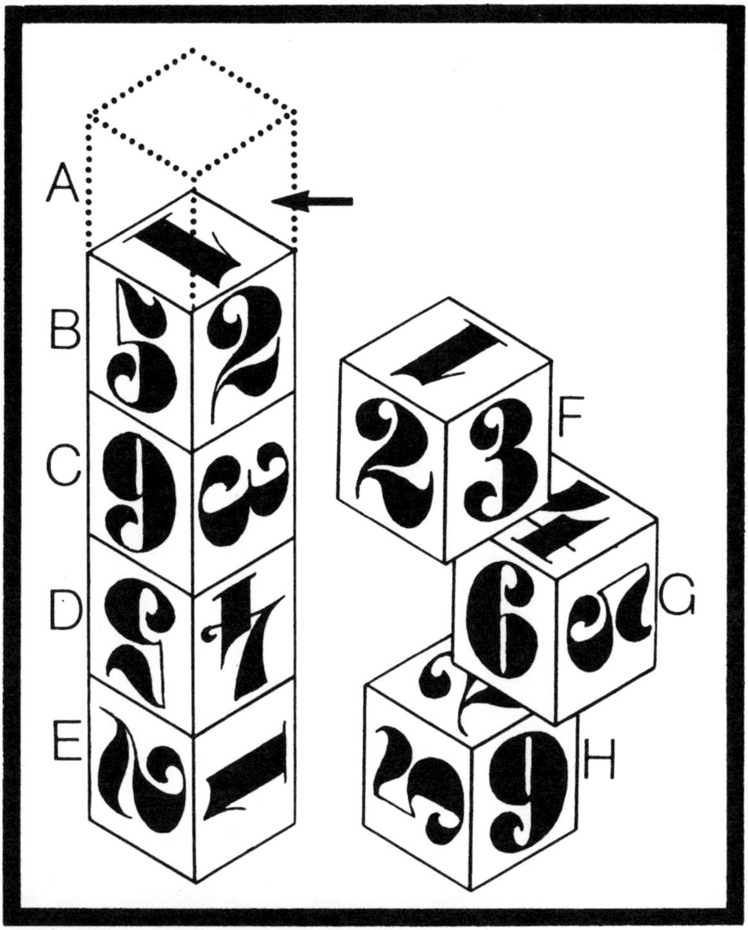

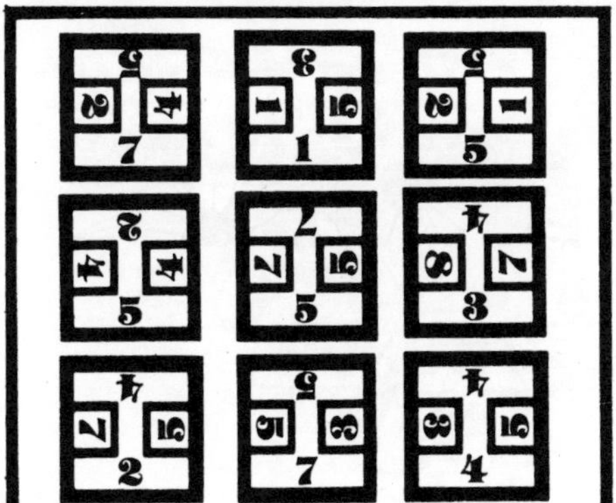

答案17：黑色13

数字题

20. 多米诺骨牌

沙俄的将军们沉迷于多米诺骨牌游戏。在克里米亚战争间隙的冬夜里，两个俄国将军围坐在一堆骨牌前，任由眉毛上结上了冰霜，苦苦思索这样一个问题，空白骨牌上的点数应该是多少才能满足两个横行和一个竖行的骨牌点数和是一样的？请你帮助将军们解决这个问题。提示在第 48 页，答案在第 51 页。

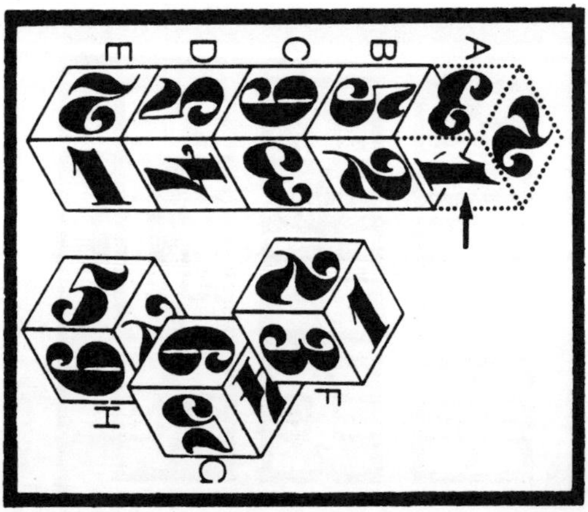

提示 19：骰子

骰子 A 的三个数字是 1、2、3。显然，A 的底面不可能是 1、2 或者 3。骰子 B 上有 5 和 2。所以其底面是 4 或者 6。

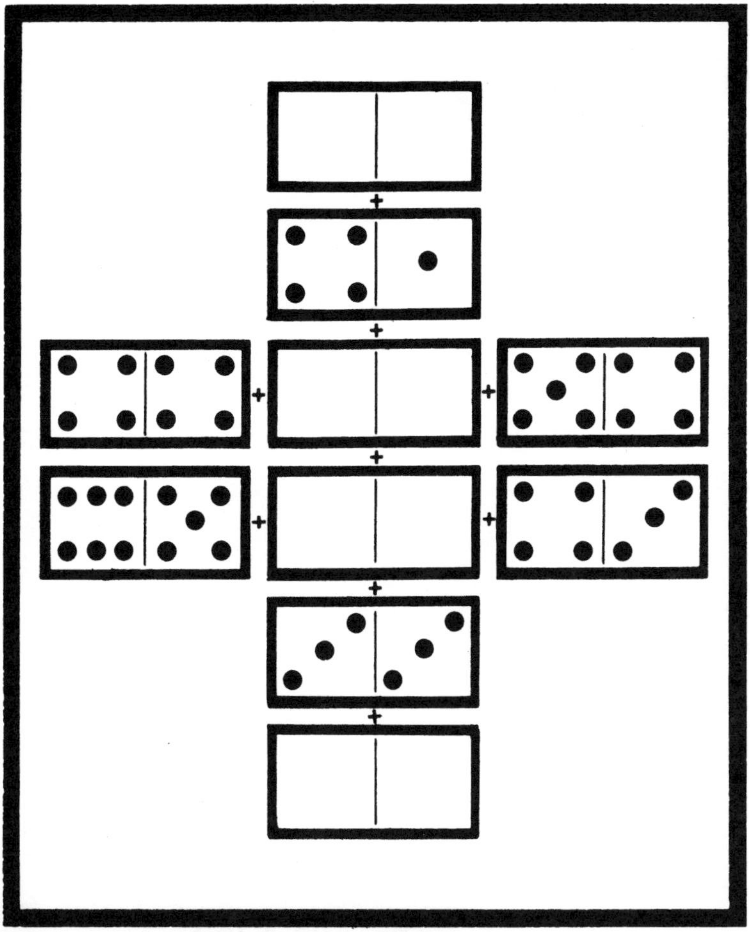

答案18：移花接木

眼力题

21. 配对

将图片中的二十样东西配成十对，每样东西都必须参加匹配，还且只能匹配一次。

50 页上有一种匹配组合，你如果觉得你的匹配方式更好，可以与 53 页上的匹配比较一下。

你可以找个朋友与你一起玩这个游戏。如果有一组一样的配对，给你们各自加两分；不一样的配对，每人加一分，如果有几样东西不能匹配，就每人扣除几分。最后看看你们的分数，十六分以上，你与你的朋友想法是很一致的；十到十五分，你们需要加强交流；五到十分，你们根本不是一类人。

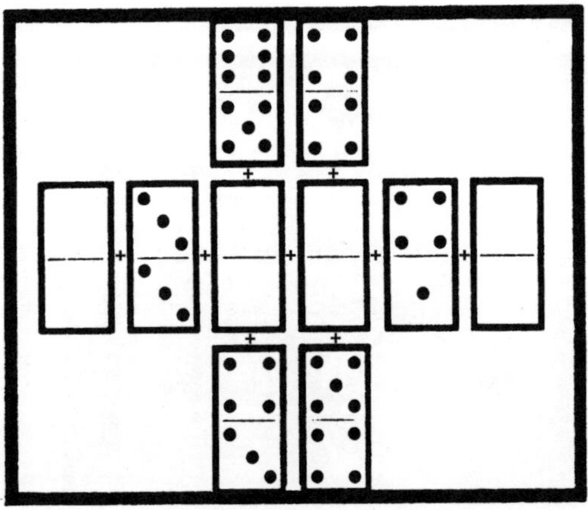

提示 20：多米诺骨牌

底下的多米诺骨牌有一个是空白的。上面的骨牌有2个眼。

答案 19：骰子

A：4　　B：3　　C：4

D：6　　E：3　　F：6

G：2　　H：4

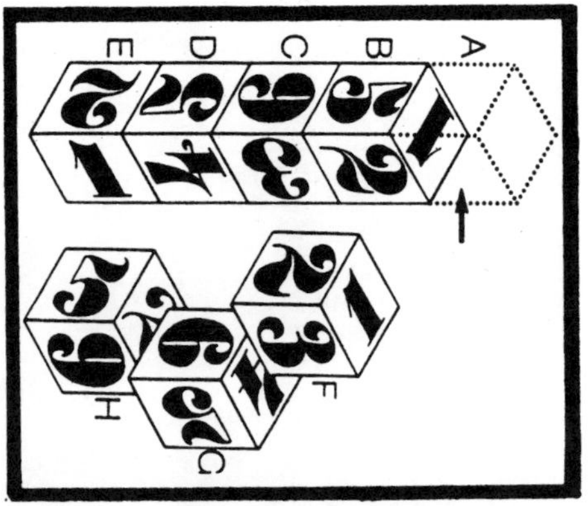

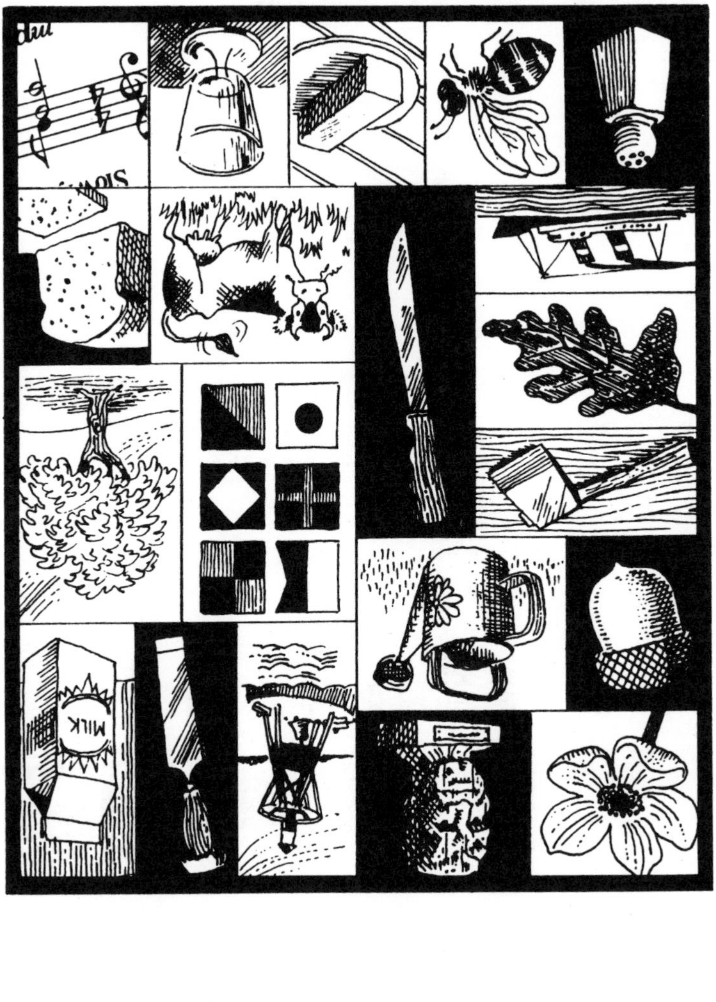

眼力题

22. 生与死的逻辑

安德森从术古纳克出发，进行一次六天的远足，目标是阿拉斯加的一个前哨站，途中会穿过没有人烟的冰雪区。一个人只能背负四天的水和食物。很显然，安德森一个人是不能够完成这段旅程的。请问多少人一起背负食物和水出发，才能保证安德森能够抵达前哨站并返回术古纳克？完成此题的平均时间是十分钟，你呢？提示在52页，答案在55页。

提示21：配对

一种配对组合：

花—蜜蜂
头像—帽子
浮标—轮船
牛奶—玻璃杯
奶牛—黄油
喷壶—盐瓶
海洋信号旗—乐谱
斧头—树
橡树叶—橡子
刀—面包

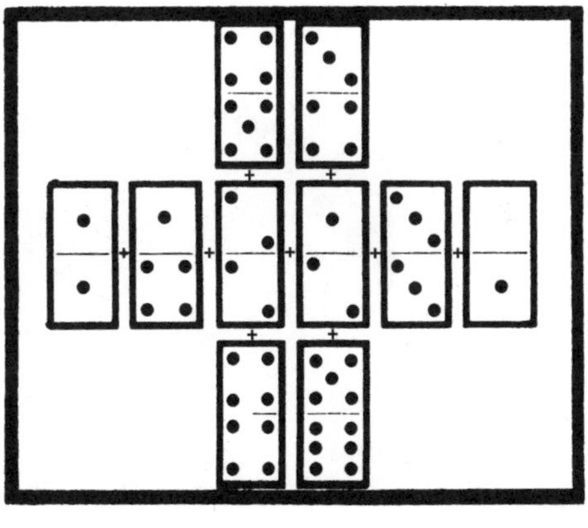

答案20：多米诺骨牌

路线题

23. 公园慢跑

一名晨练者跑进公园，他还没有意识到上班要迟到了。你能帮他找到从公园中跑出来回到出发点的路线吗？请注意有些路线是相通的，有些只是交错，并不相通。你可以进一步挑战自己，用一张有孔的纸覆盖地图，每次只能看见公园的一部分。这道题的平均用时是两分钟，你呢？提示在 54 页，答案在 57 页。

提示 22：生与死的逻辑

无论多少人从木古纳走出发，只需要德森一人抵达前哨站。请记住，所有人都需要水和食物。

答案 21：配对

另外一种配对组合；

头像—乐谱

浮标—海洋信号旗

轮船—玻璃杯

牛奶—奶牛

黄油—盐瓶

刀—面包

橡子—树

树叶—喷壶

斧头—凿子

蜜蜂—花

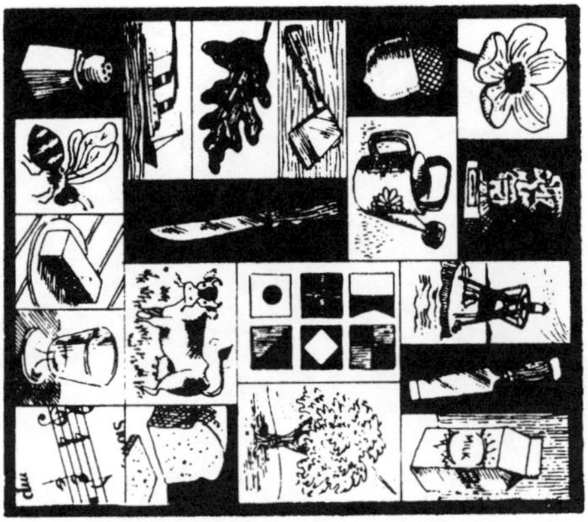

眼力题

24. 到底是什么

图片里的是什么?

A. 壳牌石油为沙特阿拉伯吉大港新设计的石油精炼系统;

B. 艺术家笔下的美国航天局用于太空探索的一级火箭助推器中的燃料加热器;

C. 宝马 530i 油路系统;

D. 史特丹号油轮上的海水净化系统

如果你真的了解工程技术,请将下面这些零部件与图中的数字连起来。

油箱	泵	压力调节器
回路	木炭过滤器	滤清器
集电环	起始阀	喷射阀
抽吸装置	水槽	膨胀水箱

提示在 56 页,答案在 59 页。

提示 23:公园慢跑

一些人认为从出口出发,倒算出到入口的路线的做法会更容易一些。

答案 22：生与死的逻辑

需要三名旅行者（安德森和两名助手），每人背负四天的补给出发。一名助手在完成第一天的旅程以后，将两天的补给给安德森和另外一名助手，然后他用剩下的一天的补给返回。剩下的两人又完成了一天的行程，另一个助手将一天的补给给安德森。这样安德森还有四天的补给，足够他抵达前哨站；而另一名助手拥有两天的补给，也能安全返回术古纳克。

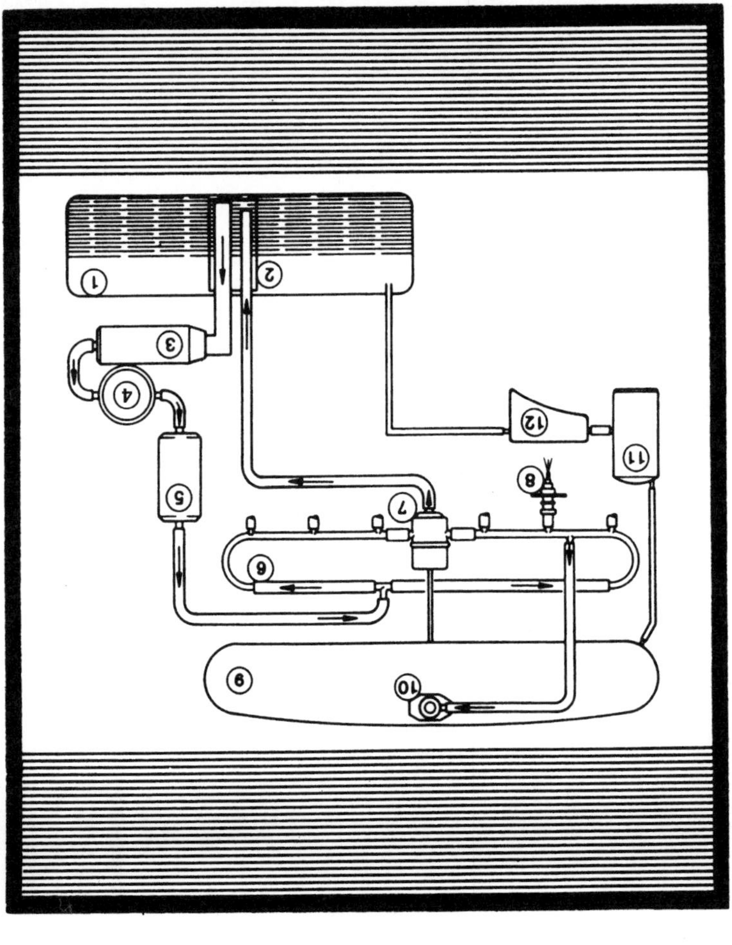

数字题

25. 气球

在古巴的北方，新斯科细亚省的西南方，有一个风景如画的古老国家。这里发生了严重的通货膨胀，以至于物价每分钟都在上涨。一个气球如果在早上的价格是一个科赫，在下午就会涨到十五个科赫。而且买白色气球的人是黑色气球的两倍。所以这里的风俗是，气球的价格在每天早上都被确定下来，从一个科赫到十五个科赫，而且是连续的。同时还要确保白色气球所卖的钱是黑色气球的两倍。你能帮助图中的老人确定一下气球的价格吗？提示在 58 页，答案在 61 页。

提示 24：到底是什么

看看有些解题步骤可能涉及哪一套系统？你觉得那燃料水槽像汽车防护网吗？

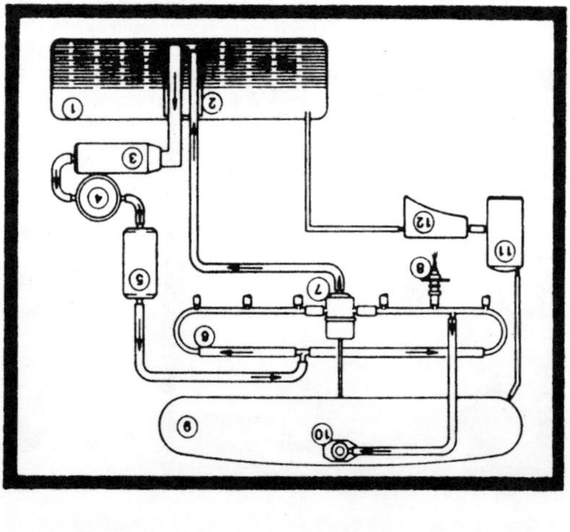

答案23：公园慢跑

路线题

26. 魔毯

魔毯上有六种花纹图案，如果你能选出其中三种，作为你移动的路径，确保你能连续地从最上面一行移动到最下面一行。你可以水平或垂直地移动，但是不能沿对角线方向移动。提示在60页，答案在63页。

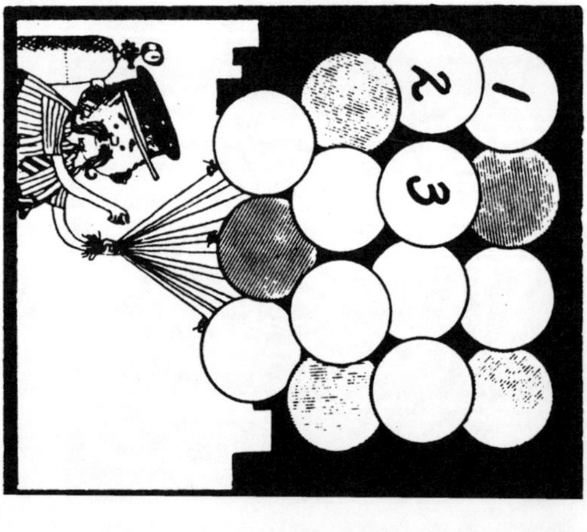

提示25：气球

黑色气球的价格是连续的，而且价格的和是40。

答案 24：到底是什么

宝马 530i 油路系统

1. 油箱	7. 压力调节器
2. 抽吸装置	8. 喷射阀
3. 泵	9. 集电环
4. 膨胀油箱	10. 起始阀
5. 滤清器	11. 木炭过滤器
6. 回路	12. 水槽

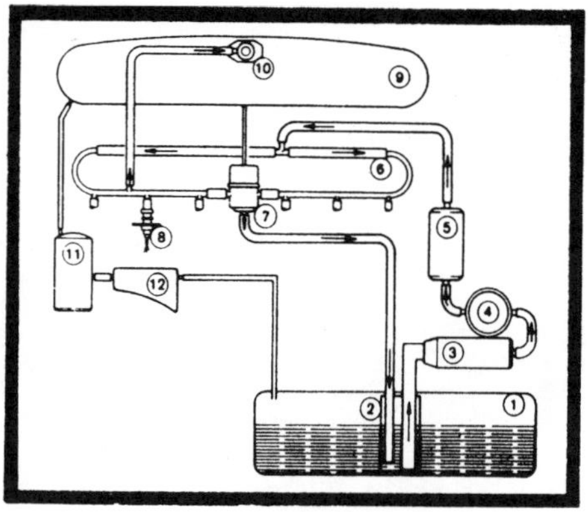

空间题

27. 开门还是关门

一只名叫“鲁尼先生”的考拉，吃了些桉树叶后就变得有点傻傻的。他设计了一个奇妙的机器来打开他的朋友们的笼子。但是他不记得当他顺时针摇动手柄的时候，笼子是打开还是关闭。好在他的朋友们不在乎他一次一次地开门或者关门。如果你有一个理智的头脑，请沿着齿轮、皮带和伞齿轮去预测一下巨嘴鸟、猴子和兔子的笼子的门是打开，还是关闭？提示在 62 页，答案在 65 页。

提示 26：魔毯

三角形、条纹和对角四方形将帮你正确抵达。

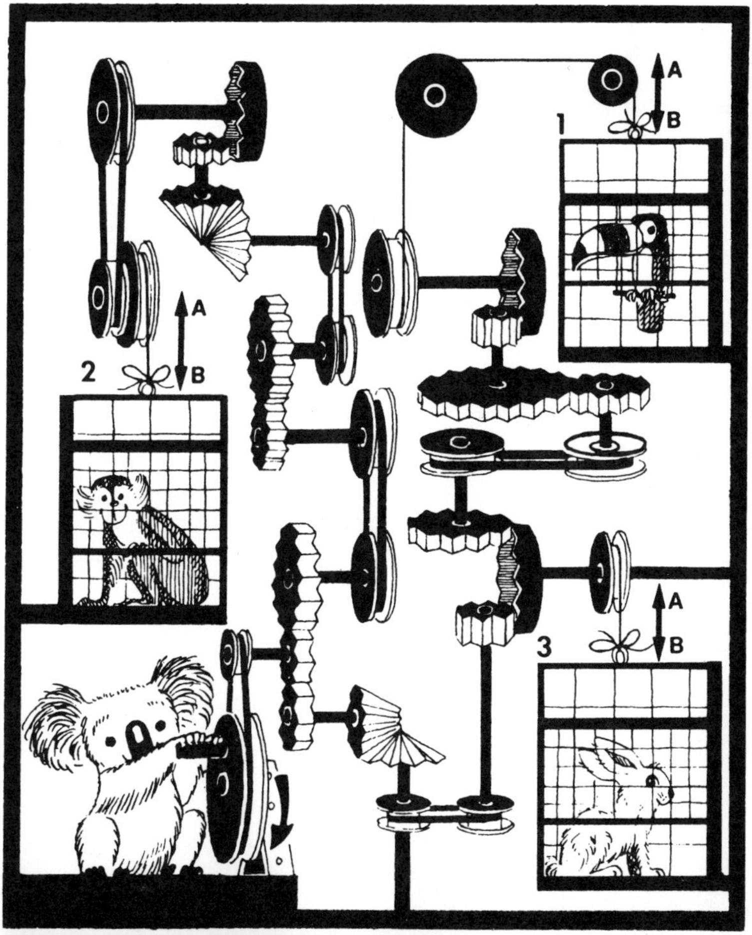
1
2
3
A
B

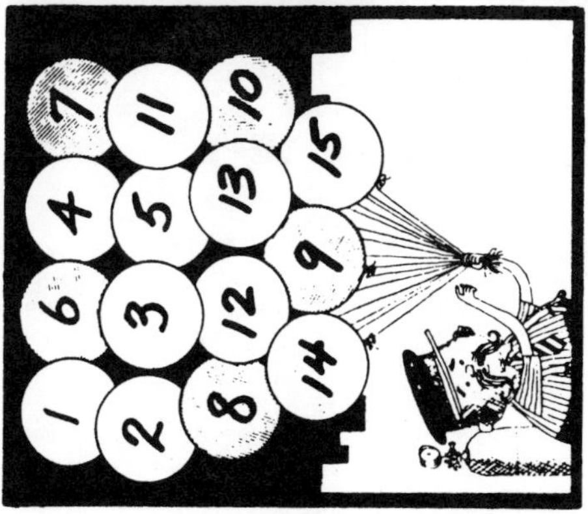
1 2 3 4 5 6 7 8 9 10 11 12 13 14 15

答案25：气球

数字题

28. 小外交官的谜题

一所外交官子弟学校里的六个学生，围着一个储钱罐。罐子里的钱不到六毛，但是所有人包括老师都不知道确切的数字。当老师离开的时候，一个孩子打开了钱罐，数了一下，然后又放了回去。六个孩子都答应不说出准确的数字，这样老师就无法发现是谁打开了罐子。他们写出的数字与正确答案之间的差距分别是：9、4、6、1、12、11。如果老师能猜出准确的钱数，她就能发现是谁打开了罐子，因为他写的数字是与准确数字最接近的。你能帮助老师猜出准确的钱数，并找出谁打开了罐子吗？提示在64页，答案在67页。

提示27：开门还是关门
齿轮是反向传动。所以如果你顺时针转，经过齿轮后就是逆时针了。

答案 26：魔毯

空间题

29. 拼图游戏

图中展示了一幅努特卡爱斯基摩木雕的复制品，里面有一条闪电蛇，一只狼，一只杀人鲸。请将下面列出的被切割下来的拼图放回原处（用圆圈表示的地方）。答对九个：优秀；七个：良好；五个：一般。提示在66页，答案在69页。

提示28：小外交官的谜题

由于正确答案小于60，试试从最大的答案里减去最大的差距。

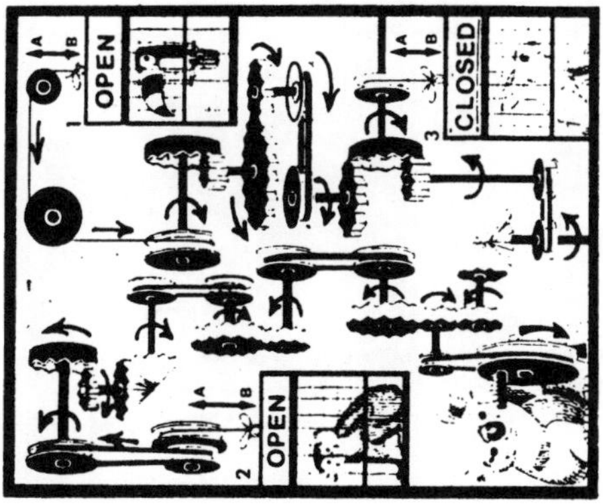

答案 27：开门还是关门

空间题

30. 立方体

春天到了，考拉鲁尼先生在树林里若有所思地闲逛。他发现了一块美丽的、没有瑕疵的桉树皮。他把这块树皮切下来，折叠成一个巨大的木质方块，然后在立方体的每一面写上一个考拉字母，见图中上部。图中标有数字的立方体中，哪一些不可能是鲁尼先生的桉树方块呢？提示在68页，答案在71页。

提示29：拼图游戏

请注意有些碎片的位置没有放正。三个碎片的位置是正的。

答案 28：小外交官的谜题

写出 40 的来自巴格达的男孩是这个游戏的罪魁祸首，因为正确答案是 41。

53 − 12 = 41

50 − 9 = 41

47 − 6 = 41

30 + 11 = 41

37 + 4 = 41

40 + 1 = 41

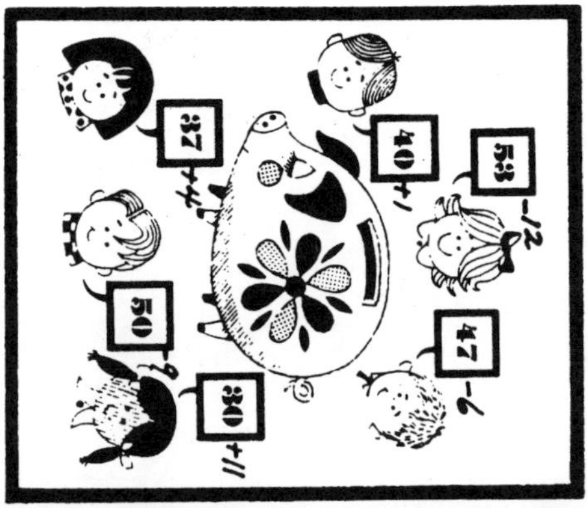

路线题

31. 雪花飘飘

迷宫中有三种符号：五角星、点、雪花，分别对应着 1 分、2 分、3 分。在迷宫里移动，经过一个符号，则获得相应的积分。请找出一条路径，从 A 点到 B 点，同时争取获得最低积分。有些人的得分小于 40，你能更低吗？

提示在 70 页，答案在 73 页。

提示 30：立方体

如果你不能在大脑里折出一个虚拟的立方体，让它在你的大脑里转起来，那你可以尝试将图片里所示的立方体摊平。请注意字母之间的邻接关系，比如，C 和 H 是在一起的。

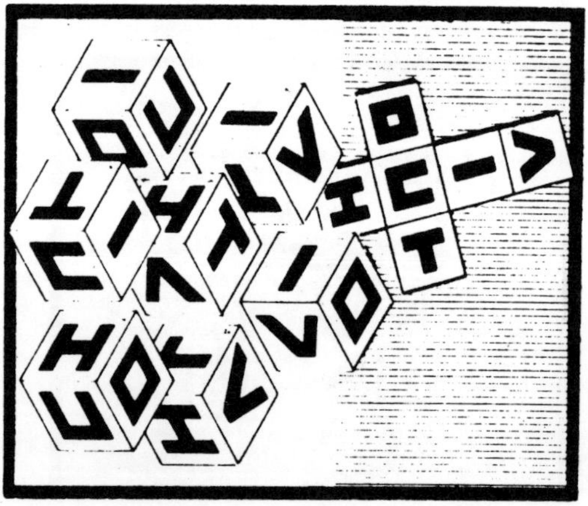

答案 29：拼图游戏

A－7
B－5
C－3
D－9
E－1
F－6
G－2
H－8
J－4

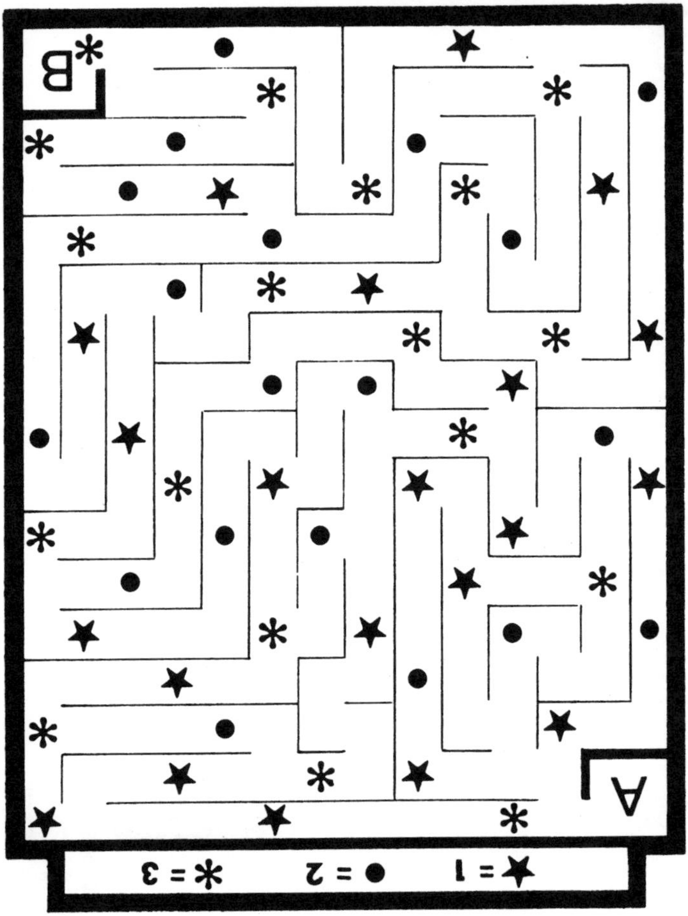

数字题

32. 标签销售

你过生日的时候，一个古怪的叔叔给了你 100 美元，让你去教堂的销售活动中买礼物。你可以买好几样东西，但是你买的东西必须正好是 100 美元。请问你应该买哪些东西？各买几个？平均时间是两分钟。提示在 72 页，答案在 75 页。

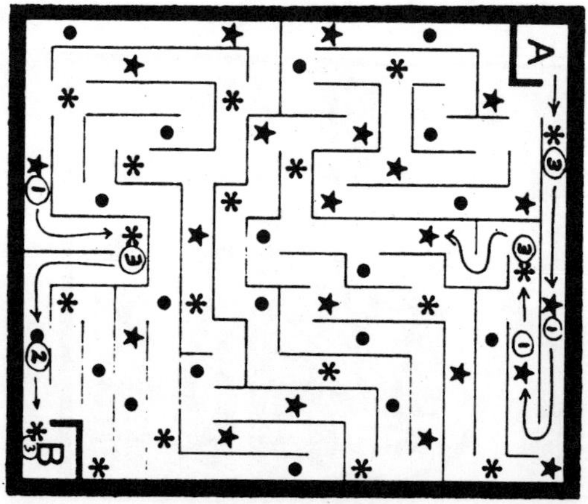

提示31：雪花飘飘

如图所示是得分为40分的路径的开头和结尾部分。

答案 30：立方体

如图所示，箭头所指的三个立方体是不存在的。

2：T 应该旋转 90 度。

6：T 的位置上应该是字母 0

7：C 的方向反了。

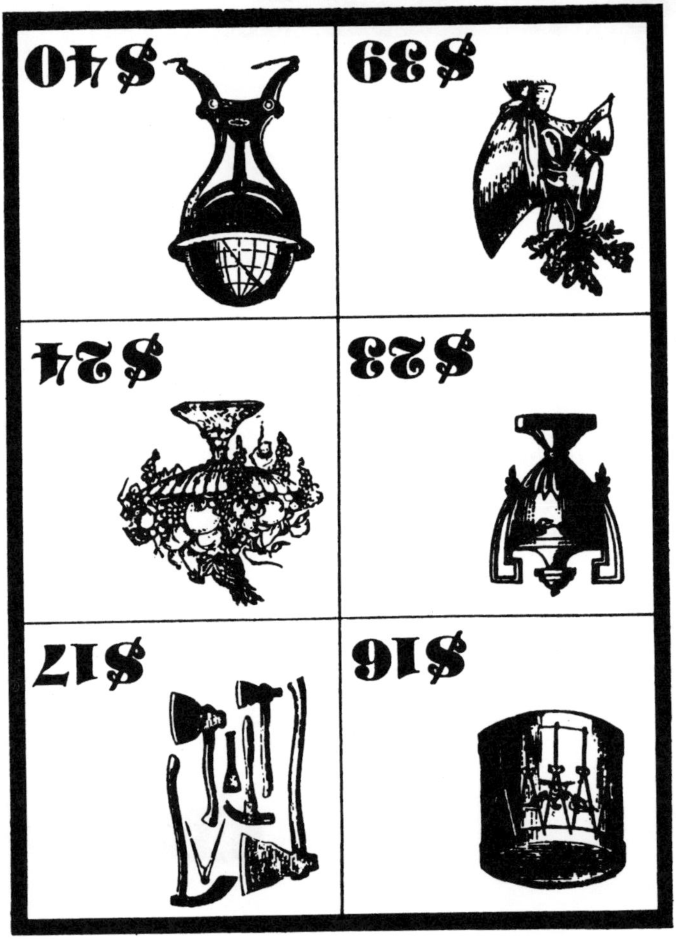

路线题

33. 跳格子

如果你厌倦了慢跑、跳绳和游泳，你可以试试跳格子。在你家的天井里画上如图所示的格子，并在格子里标上数字。从起点（被1、2、3、4、5五个数字所围）出发，选出一条路线跳回家（HOME）。你只能跳十步，而且所经过的格子中的数字的和是50。注意：不允许斜向跳。如果不想跳肿你的脚踝，你应该在两分钟内找出正确的线路。提示在74页，答案在77页。

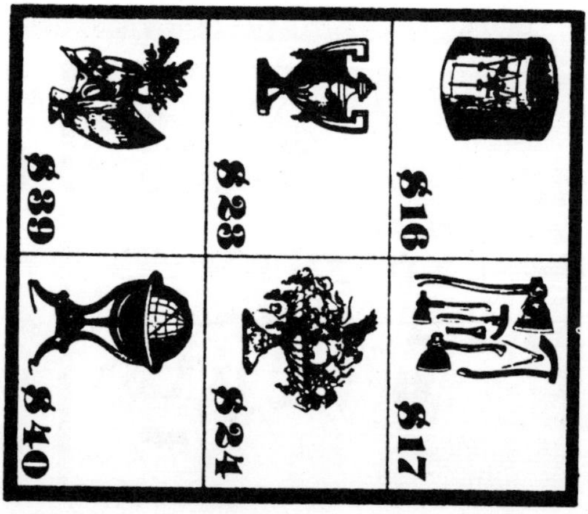

提示32：标签销售

正确的答案是只买两种商品。剩下的问题是哪两种商品，每种商品各买几个呢？

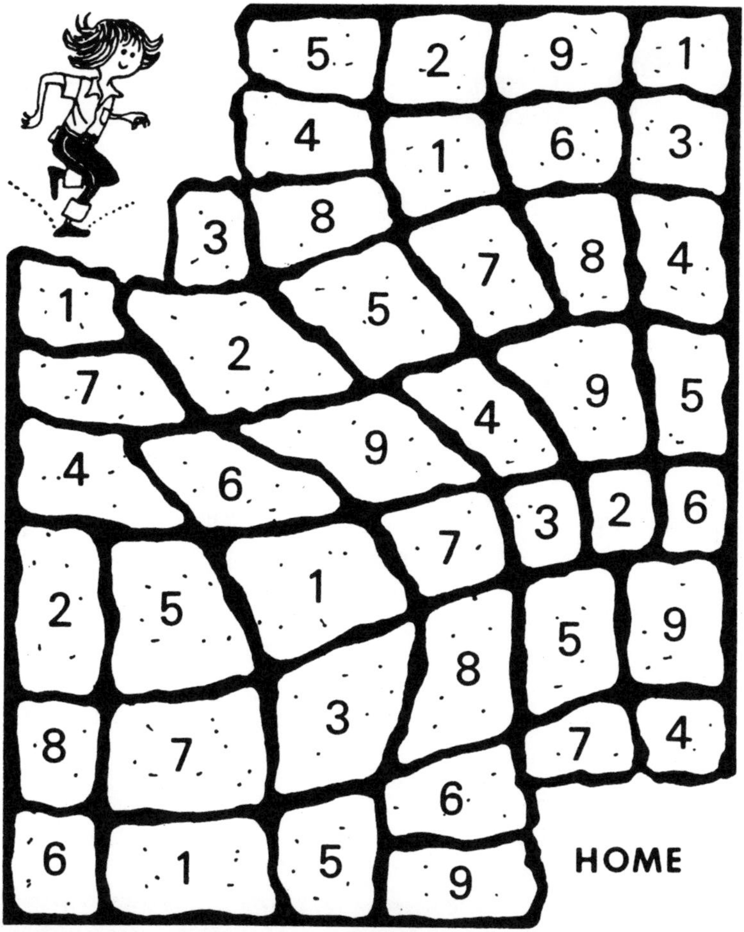

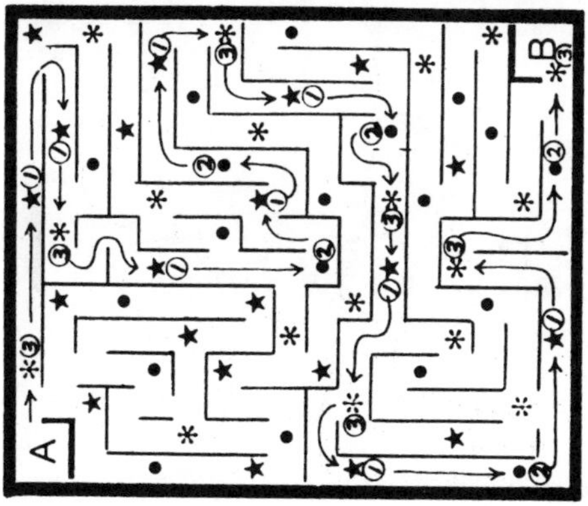

答案31：雪花飘飘

空间题

34. 破碎的康熙花瓶

公元 1664 年，在康熙皇帝的宫殿里，皇帝命令三位智者把一个破碎的花瓶（如图所示）拼起来。他们不允许接触到这些碎片，而是凭空想象出拼好后的花瓶的样子。智者必须利用他们的超能力去给每个碎片编上号码，而且这些号码必须与皇帝事先准备好、却藏在袖子里的编号一致。你要幸运得多，你可以看到皇帝的编号和拼好的花瓶的样子。皇帝说，拼错一片碎片的编号，就要罚做一年的宫廷小丑。你会做几年宫廷小丑？十年？不可想象；五年？太可怕了；两年？还是太糟。

提示在 76 页，答案在 79 页。

提示 33：跳格子

图中画出了前两步。另一个提示：最后一步的数字等于前两步之和。

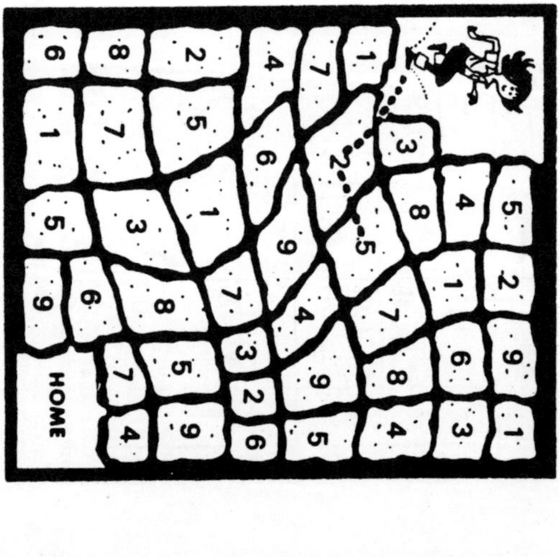

答案 32：标签销售

4 × $17 = $68

2 × $16 = $32

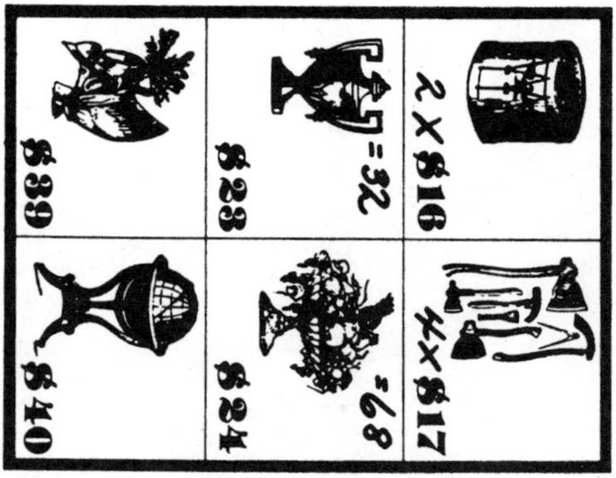

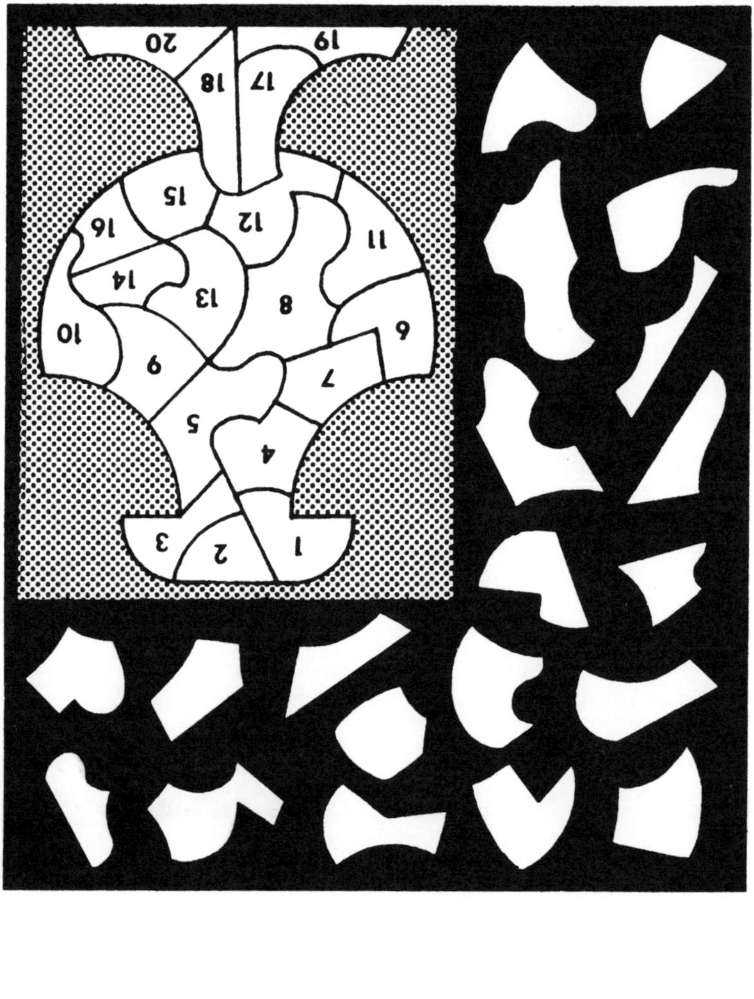

眼力题

35. 不要生气

试试以下的数字谜题。右边有三组随机数字：A、B、C。请问最上面的三个数字：16、17、38，应该分别属于哪一组呢？当你经历了痛苦和烦闷并想出答案以后，请你的对手或者你的密友也来试试。如果他们在两分钟内做不出来，你最好快跑，因为他们会在知道答案后愤怒的。

提示在 78 页，答案在 81 页。

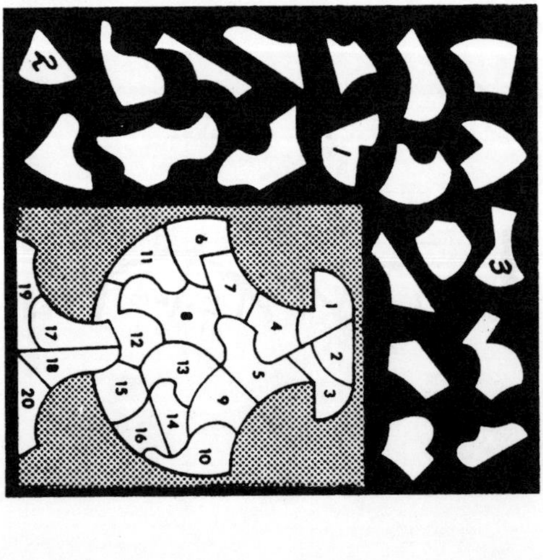

提示 34：破碎的康熙花瓶

请注意碎片摆放的角度。有几片已经帮你编好号了。

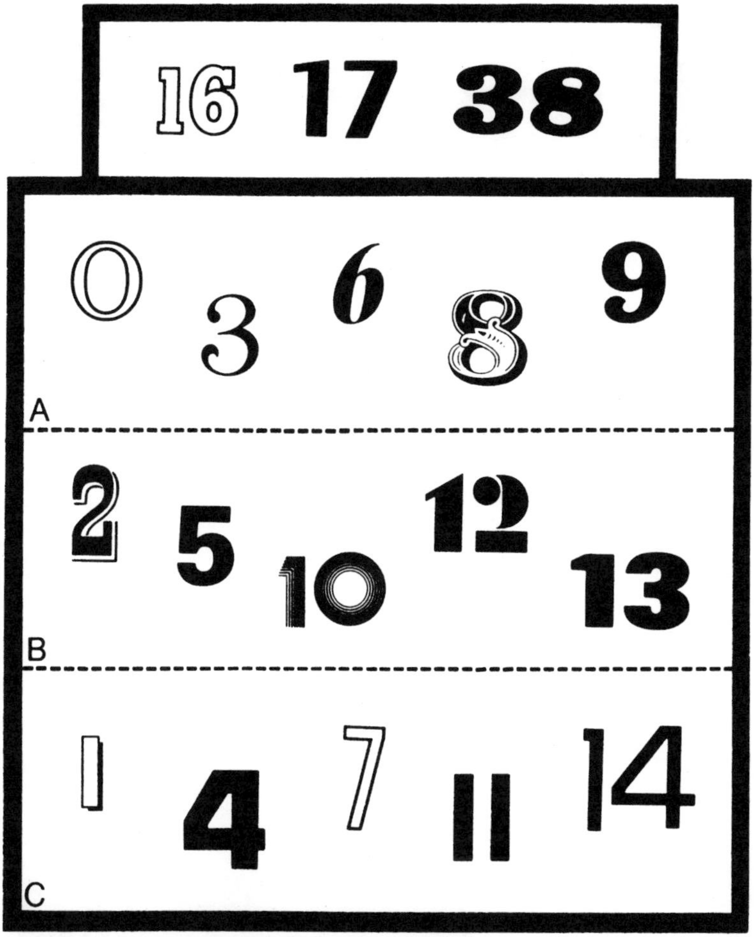

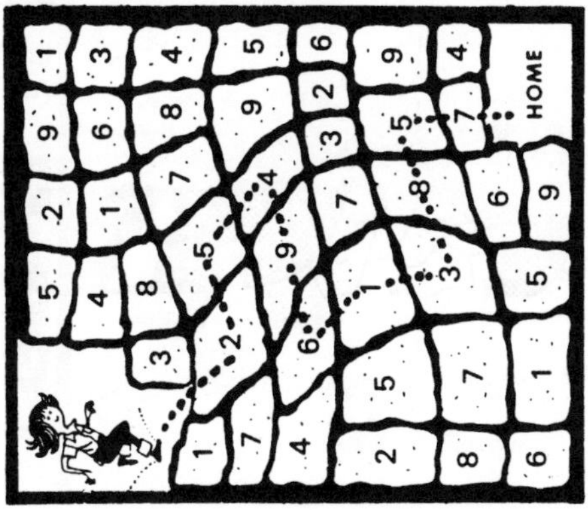

答案33：跳格子

路线题

36. 墙纸

一天早上，圣安德鲁斯断层开始活动了。断层上有一栋房子，房子的墙纸上有三种颜色：柚子黄、苔藓绿、水鸭蓝。墙纸的图案是对称和重复的：素色背景中有一只站在树上的鸟。地震太强烈了，墙纸被撕成了碎片。如果房东找你帮忙把墙纸整理一下，你能画三条直线，把墙纸分成若干区域，每个区域中正好含有一棵树和一只鸟吗？保持冷静，你能在八分钟内画出来。提示在 80 页，答案在 83 页。

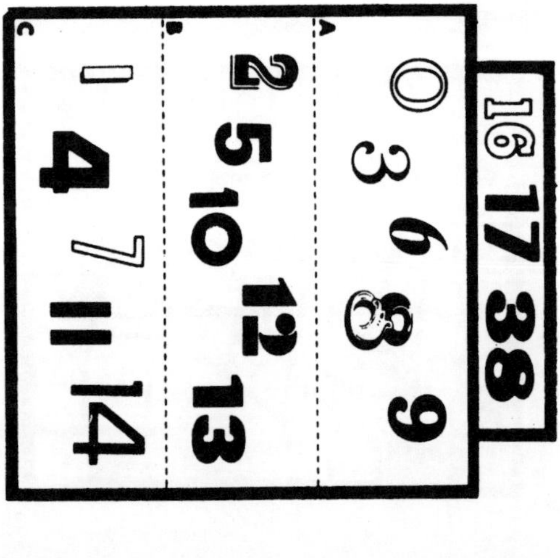

提示35：不要生气
数字的大小是没有任何意义的。

答案 34：破碎的康熙花瓶

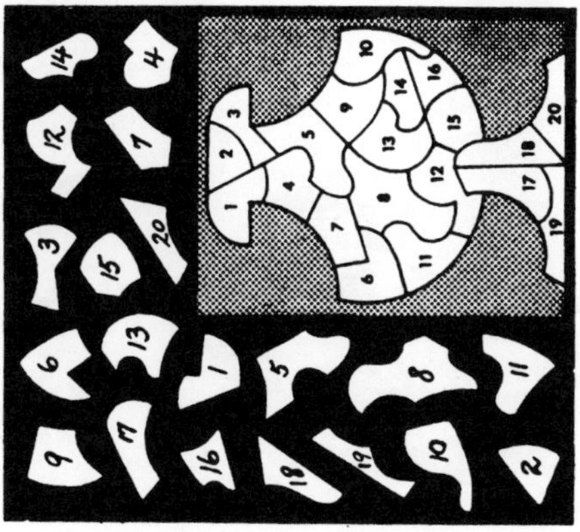

空间题

37. 六个花瓶

当古老的克里特岛的皇后在克诺索斯整理宫殿进行甩卖的时候，她发现了六个花瓶，这些花瓶曾经是她与米诺斯国王结婚时的礼物。这六个花瓶非常相似，但却是三对，每一对是完全一样的。皇后的姐妹们很想要这六个花瓶，但是她们必须把三对花瓶一一配起来。皇后急着要把花瓶卖掉，因为她需要这些钱去买窗帘。你能快速地匹配出这三对花瓶吗？平均时间是三分钟。提示在82页，答案在85页。

提示36：墙纸

那些线就在箭头指示处的那些鸟的头、脚和尾部。

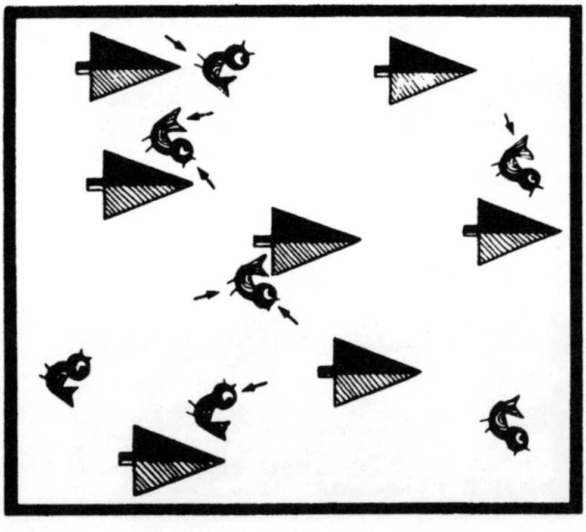

答案 35：不要生气

A：所有的数字只含有弧线

B：数字含有直线和弧线

C：所有数字只含有直线

所以 16 属于 B 组，17 属于 C 组，38 属于 A 组。

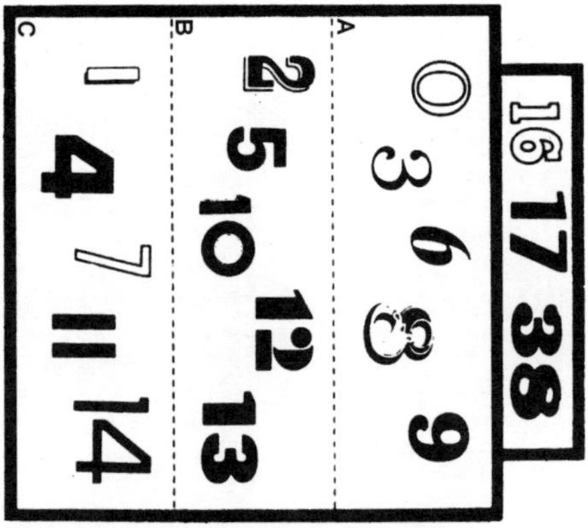

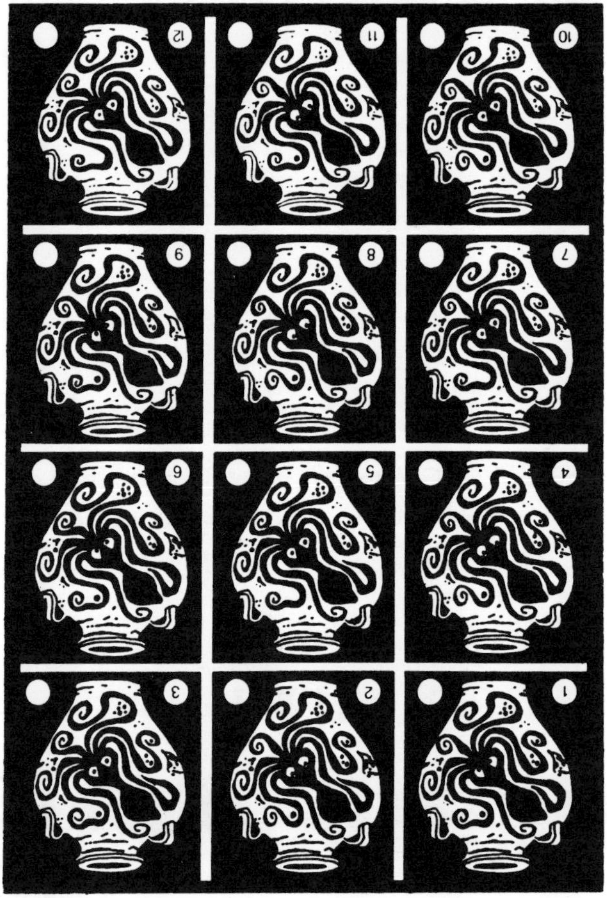

数字题

38. 巫婆的测试

你的数学老师有没有告诉过你，巫术和数学是姐妹？右图里的二十五个格子里，除了有数字外，还有六种赫科特符号。正确地将这些符号翻译成数字，那么每一行/列中的数字加起来正好等于底部和右边边框里的数字。使用你的巫术，解决这道数学题！提示在84页，答案在87页。

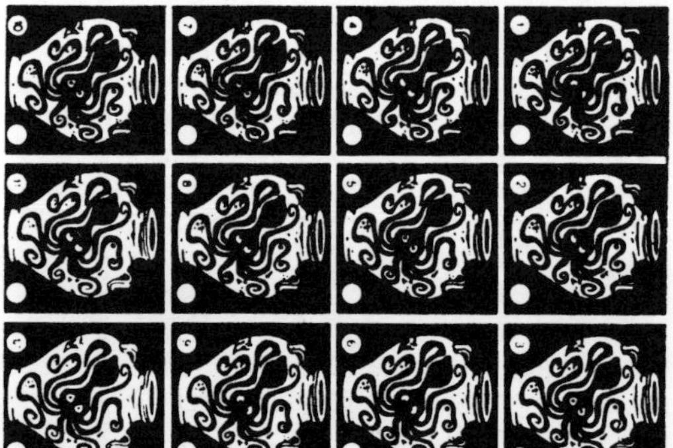

提示37：六个花瓶
注意眼睛、小点和
章鱼触须环绕的方向。

●	2	*	2	○	22
6	✚	✖	★	✖	24
2	●	★	○	6	23
⊙	*	✖	★	2	22
✚	★	2	⊙	*	18
28	19	21	17	24	

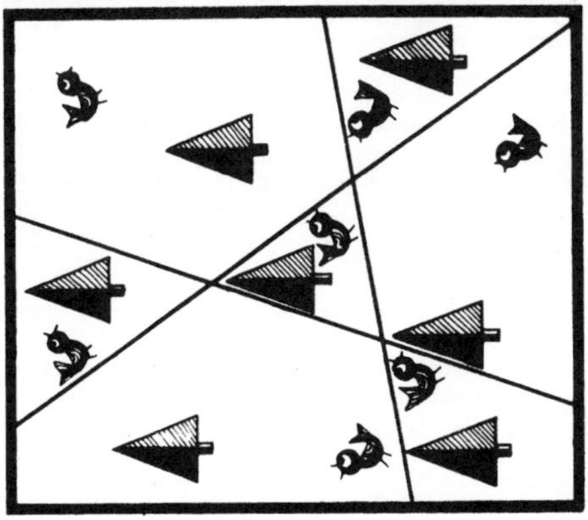

答案36：墙纸

路线题

39. 打击犯罪

伦敦的一些大公园里的犯罪率有所上升，但是只有四名警察能被派遣到公园去警戒。请将四个警察放在地图所示的公园里，以保证每条道路都能被警察看到。解答本题平均需时六分钟。提示在 86 页，答案在 89 页。

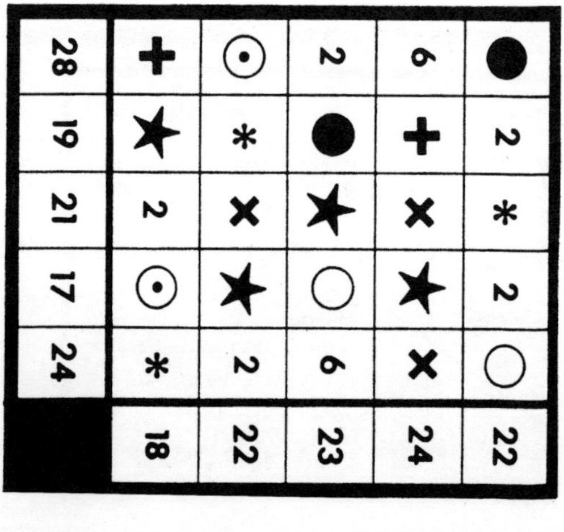

提示 38：巫婆的测试

五角星：1

圆圈：5

剩下的就看你的努力了。

答案 37：六个花瓶

1 和 9

4 和 8

5 和 12

空间题

40. 找匹配

请按照以下标准寻找数字或者字母：

1. 在实心圆的右边
2. 在五角星的上面
3. 在 5 的下面
4. 在 R 的左边

你可以直接在图上圈出你找的数字或者字母。更好的做法是保持图画整洁，这样你还可以考考你的朋友。本题的平均成绩是两分钟。

提示在 88 页，答案在 91 页。

提示 39：打击犯罪

每个警察都应该具有 360 度的监视范围。图中所示的地点是唯一的例外。

	A	B	C	D	E	F	G	H	I	J	K	L	M	N	O
1			5				●	G		5		●	H	E	
2		●	1	P	●	A	R	★	●	7	P		★	●	9
3		5	★		5	★		5		★					5
4	●	E		●	2		●	F	G	●	X		5		●
5			D		★		5	★				●	6	O	
6		●	4	P			●	8	R				★		●
7		5	★			5		★		O			●	C	
8	●	Q	F		●	C	O		●	5	R				5
9		★	5			★		5		★				●	N
10		●	F	R		4		●	X	F	●	P		★	
11		5		★	●	6	R		★			5		●	S
12	●	D	P			★		●	A		●	4	S		
13		★		5						6		★		●	8
14			●	3	R		5		●	G	R	5	9	★	
15		5		★		●	7	P		★		●	1	R	
16	●	K	P	5			★	●	8	5			★		●
17		★		●	H	R			4			5			★
18				5	★			●	2	R	●	D	F	●	5
19			●	9					★			★			R

9	2	4	2	5	22
6	3	7	1	7	24
2	9	1	5	6	23
8	4	7	1	2	22
3	1	2	8	4	18
28	19	21	17	24	

答案 38：巫婆的测试

空间题

41. 橱窗

一天晚上，你在布置商店的橱窗。橱窗被分成九块，用来展示来自九个中东国家的工艺品。第二天早上，传来一个坏消息，当这些国家得知他们的工艺品要在一起展示的时候，七个国家决定撤回他们的产品。还有四分钟商店就要开门了。你能移动最少的隔板，将橱窗重新分割成两块吗？最少移动几块隔板？是哪几块？提示在 90 页，答案在 93 页。

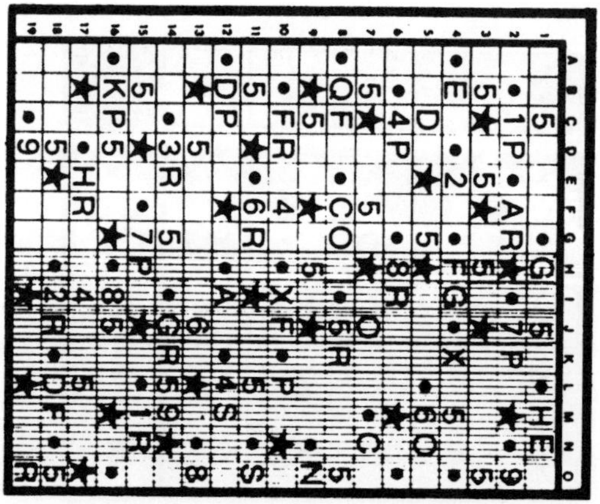

提示 40：找匹配

请在没有阴影的部分里寻找目标。

答案 39：打击犯罪

42. 填数游戏

填数游戏类似我们常见的填词游戏。在每一个纵行和横行的起始处都有一个特殊的格子(普通格子的一半大小)。这个特殊的格子叫做“提示”。如果提示在上部,对应水平一行数字的和;如果在下部,则对应垂直的一行数字的和。在上面有一个小的例子。在填空格时,只能使用1到9的九个数字,而且每一行中的数字不能重复。填入的数字必须同时满足水平和垂直两个方向的要求。你的目标不是速度,而是正确率!提示在92页,答案在95页。

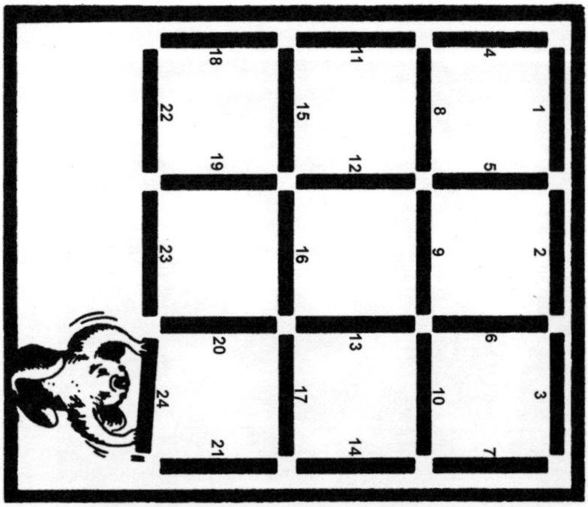

提示41:橱窗

1. 一块展示面积是另一块的九倍;
2. 组成较小空间的隔板上的数字之和正好是50。

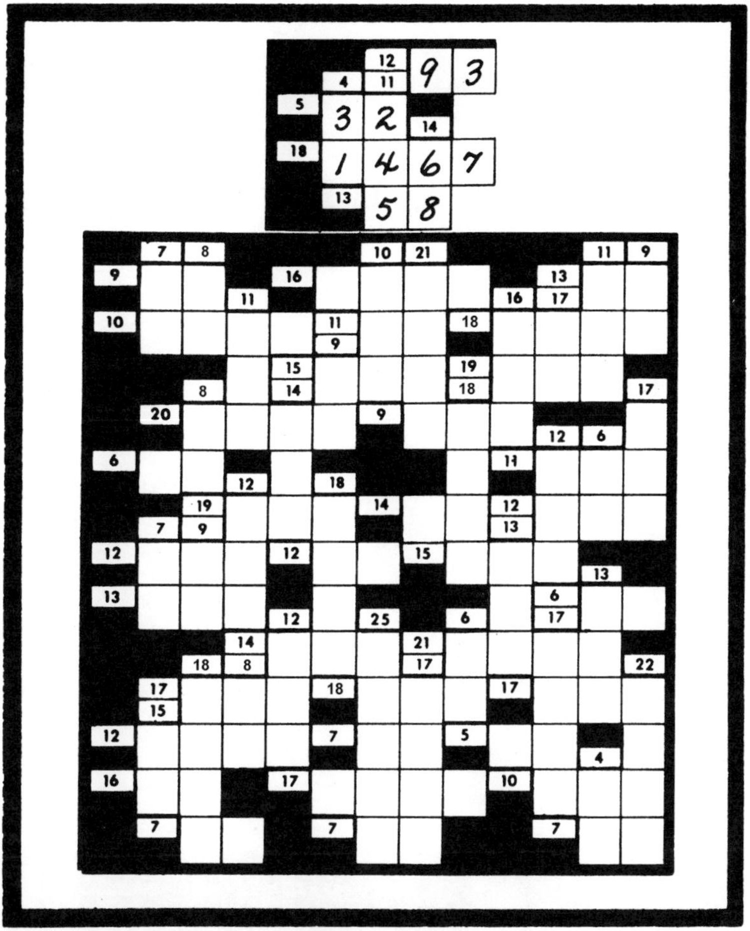

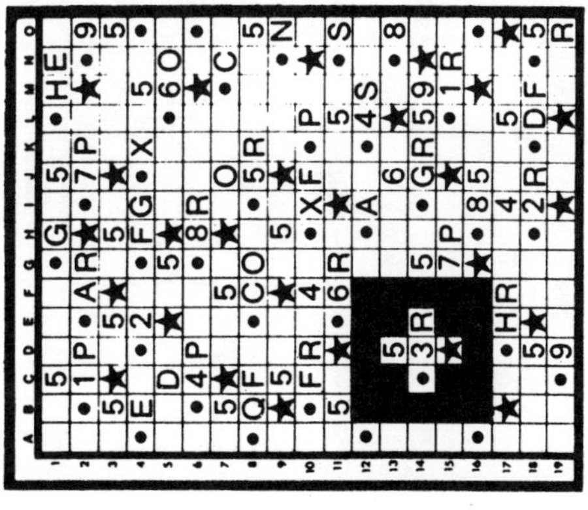

答案40：找匹配

路线题

43. 电路

按哪个按钮可以点亮灯泡？在很多地方，电线是联通的。你应该能在 10 分钟内完成。

提示在 94 页，答案在 97 页。

提示 42：填数游戏

几个格子已经填好了，下面的就由你继续了。如果你找到规律，就会快很多。

答案 41：橱窗

最少要移动八块隔板，它们是：5、6、8、10、15、17、19、20

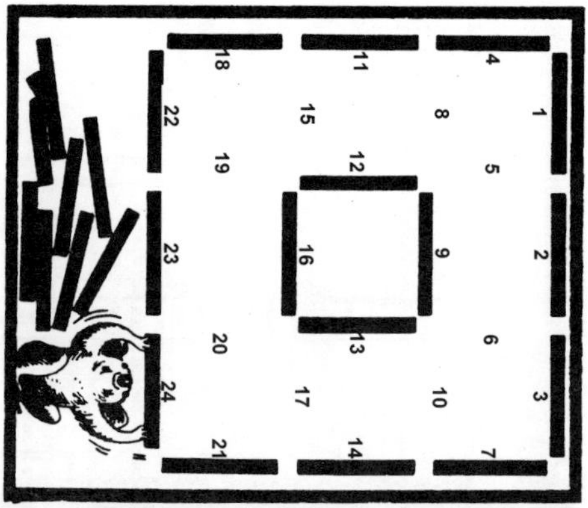

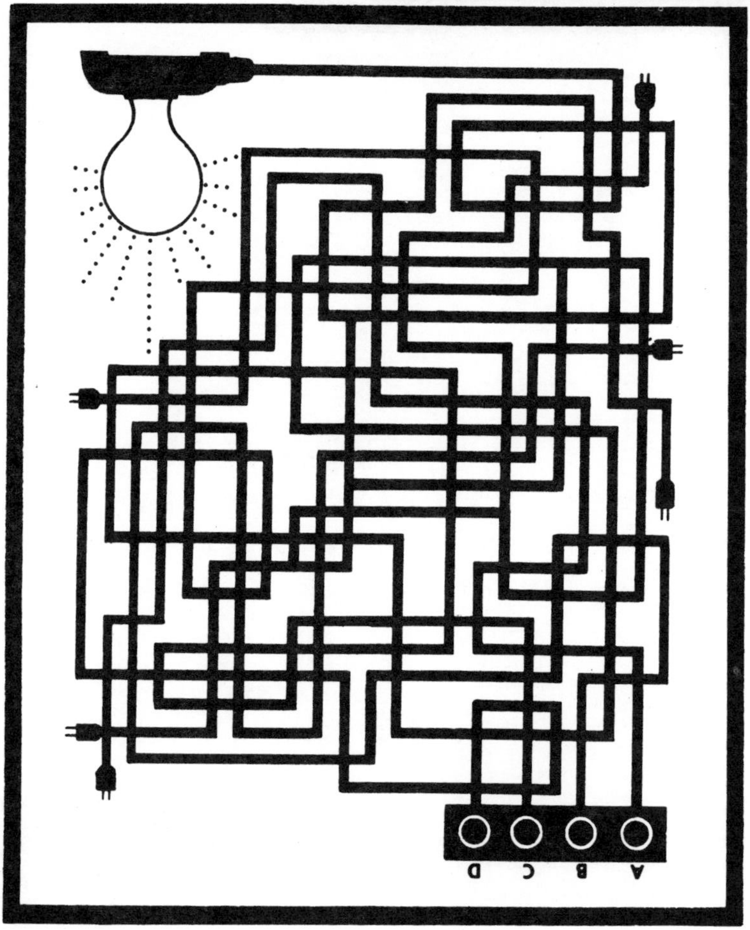

空间题

44. 坐标

图画的上面和右面有九个格子，每个格子里的内容都跟图画里的一个方格是一样的。图画里的每一个方格你都能用一组坐标（字母＋数字）来表示，当你找到一组匹配的方格，请将其坐标填在格子右边的空白区域内。平均用时三分钟。提示在96页，答案在99页。

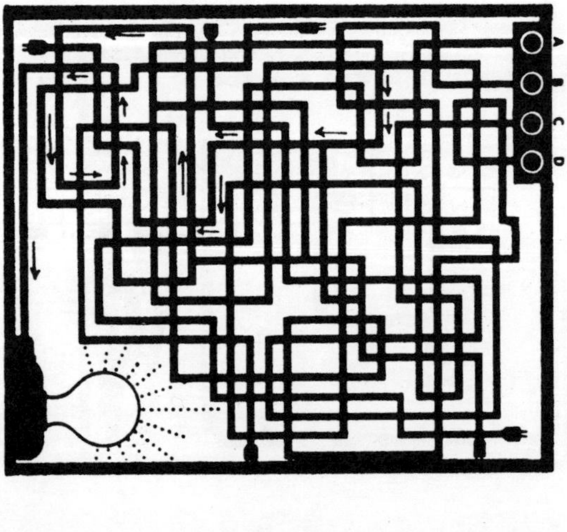

提示43：电路

如果你被难住了，试试从按钮c开始，直到你能跟图上用箭头标注出的线路连接上。

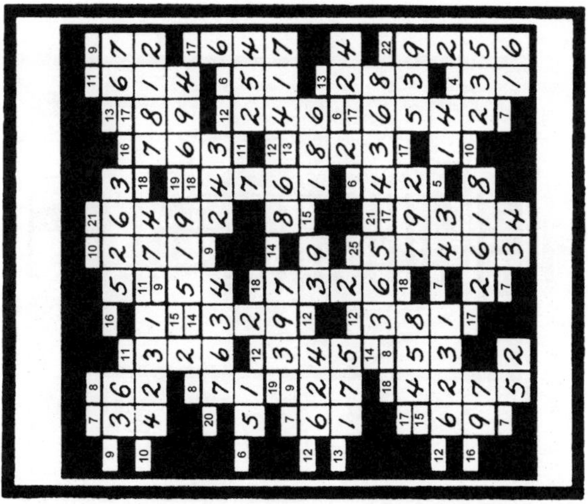

答案42：填数游戏

眼力题

45. 菜单

五个老朋友在他们最喜欢的餐馆聚餐。每个人都点了饮料、主菜和甜点。约翰和杰克逊先生喝了马爹利，詹姆士和琼斯先生喝了苏格兰威士忌，詹金斯先生因为要开车喝了可乐。主菜：约翰和詹宁斯先生吃了牛排，乔和詹金斯先生吃了烤牛肉。甜点：乔和乔丹先生吃了巧克力蛋糕，杰瑞和詹金斯先生吃了馅饼，另外一个吃了冰欺凌。每两个坐在一起的人，不会吃一样的东西。请问谁吃了野鸡？杰克吃了什么？平均用时五分钟。提示在98页，答案在101页。

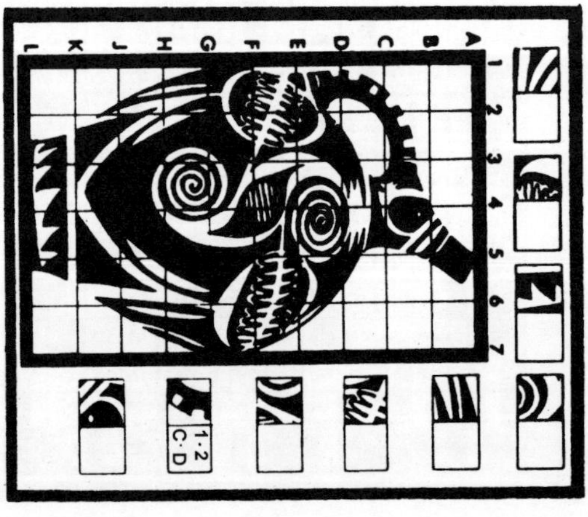

提示44：坐标

我们做了一个例子，下面就轮到你了。

答案 43：电路

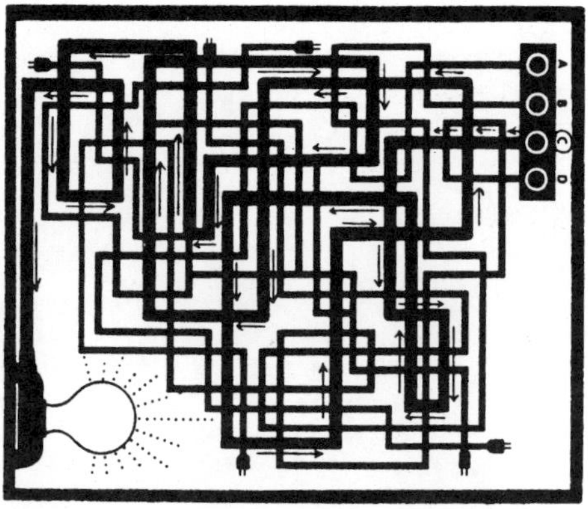

![数字题 icon]

数字题

46. 冒失的射击

这些靶纸是国民警卫队的，但是一个喜欢射击的下士在上面打了十枪（见图上的黑点和白点），有几枪打穿了不止一张纸。请数出下士射击的分数，分数总和是多少，他就要被扣除同样数字的薪水。提示在100页，答案在103页。

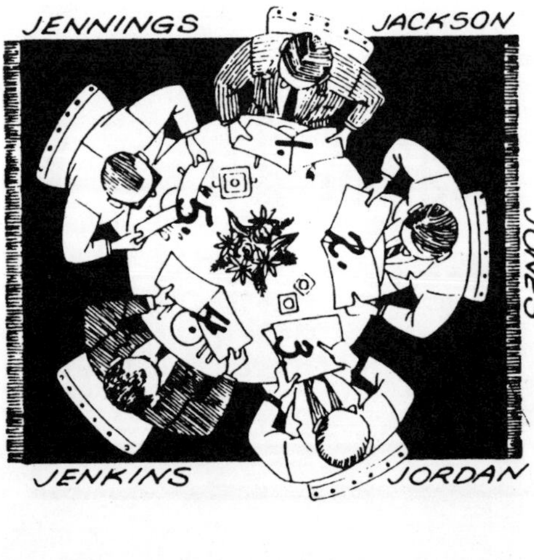

提示45：菜单

如图标出了每个人的名字和位置。

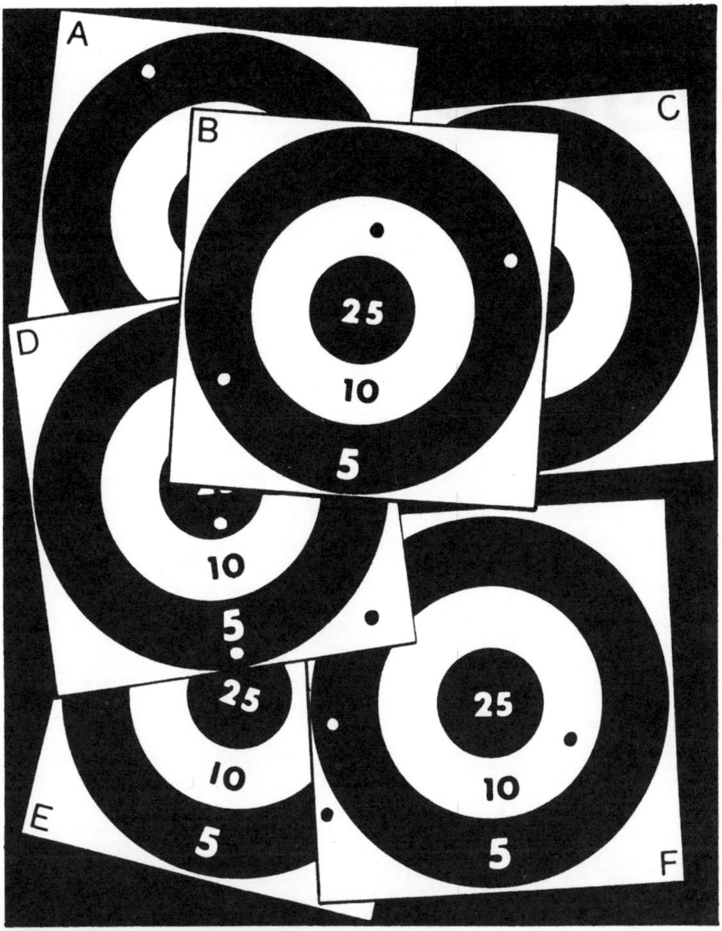

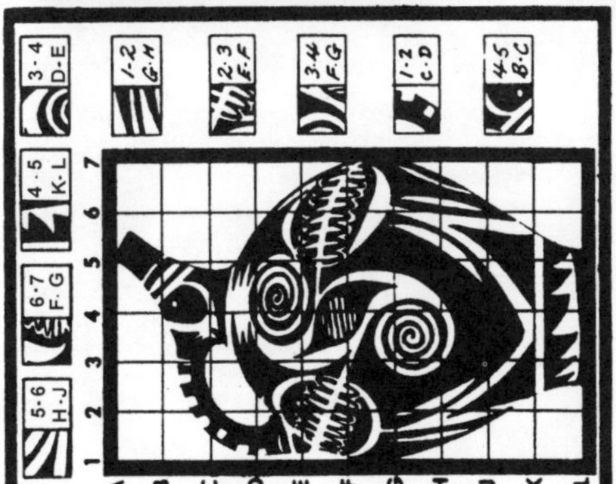

答案44：坐标

路线题

47. 威斯帕新娘

朱塞佩·科伦坡在美国做进出口生意赚了大钱。他把威斯帕的二手踏板摩托车改装成水陆两用，再卖到美国佛罗里达的沼泽地区。朱塞佩随后回到故乡罗马，寻找他的人生另外一半。他认识了父亲的一个邻居的女儿，那是一个单纯的女孩，他向她求婚。朱塞佩唯一的条件是让这个女孩陪他进行一次旅行，他希望能在旅行的过程中证明未来的妻子具有纯洁的品质。朱塞佩在地图上将计划去旅行的地点用黑点标了出来，并制定了一个行程。他的行程只能由直线段构成，从罗马出发，到热那亚结束，行程必须与图上的线段交会一次，而且只能是一次。你能帮朱塞佩设计这条旅行线路吗？你的线路里会有几条直线段？十二条线：优秀；十五条线：良好；十八条线：合格。提示在 102 页，答案在 105 页。

提示 46：冒失的射击

落在靶纸 B 上的子弹，还在 C 上打了一个 25 环，在 D 上打了一个 10 环，在 A 上打了一个 5 环。在靶纸 E 上一共是 50 环。明白了吗？

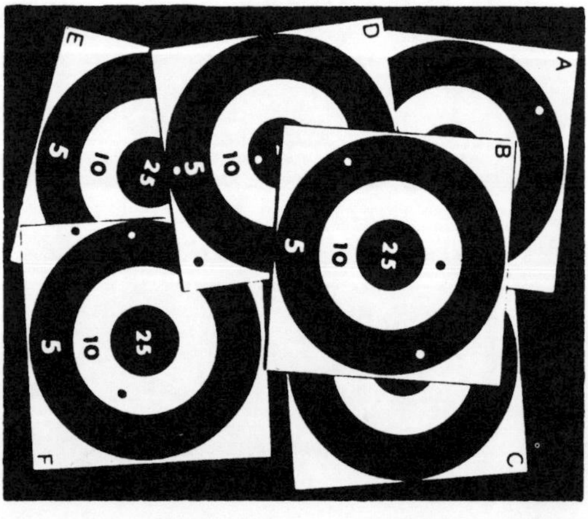

答案 45：菜单

1. 乔·杰克逊点了马爹利、烤牛肉和蛋糕。
2. 杰瑞·琼斯点了苏格兰威士忌、野鸡和芝士馅饼。
3. 约翰·乔丹点了马爹利、牛排和蛋糕。
4. 杰克·詹金斯点了可乐、烤牛肉和馅饼。
5. 詹姆士·詹宁斯点了苏格兰威士忌、牛排和冰激凌。

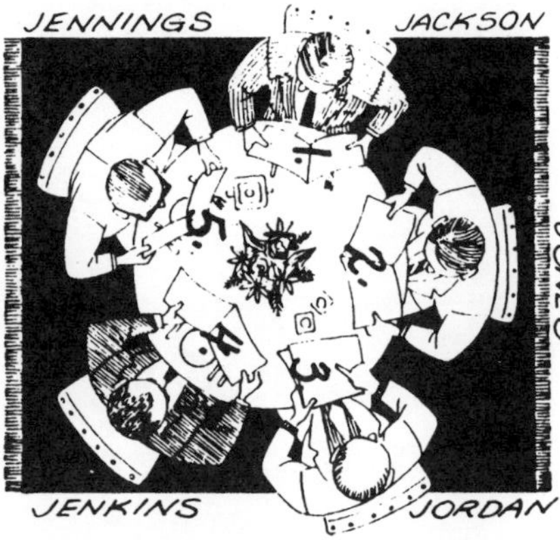

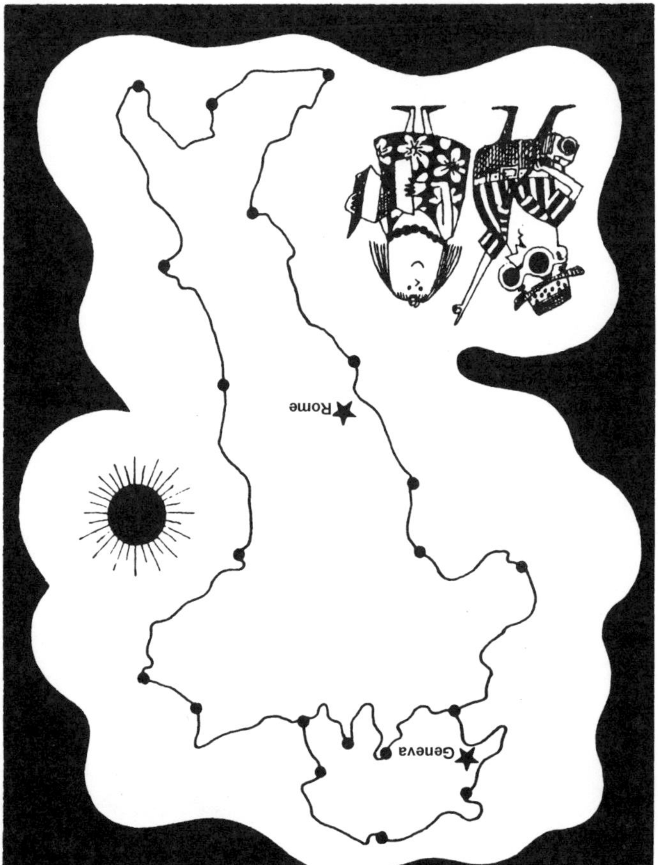

眼力题

48. 纸牌

请将图里的十六张牌重新排列，以确保任意相邻（横向、竖向、斜向）的两张牌大小不一样，花色也不一样。你应该可以在五分钟内完成。提示在 104 页，答案在 107 页。

提示 47：威斯帕新娘

一条直线段可以穿过多个部分。答案是十二条直线段，现给出如图所示的 3 条。

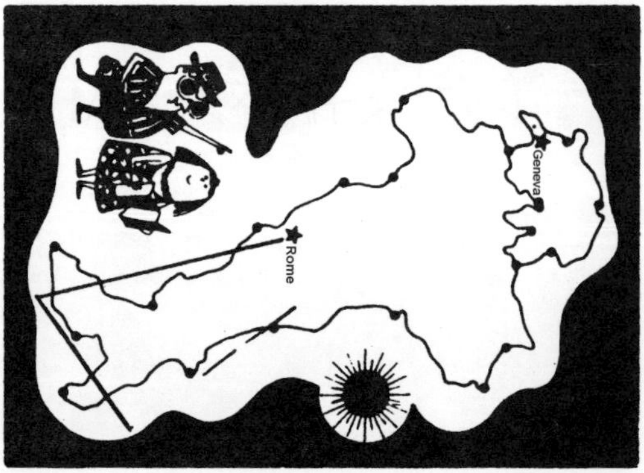

答案 46：冒失的射击

A：5 + 5 + 5 = 15

B：10 + 5 + 5 = 20

C：25 + 5 = 30

D：10 + 25 + 5 = 40

E：5 + 5 + 5 + 10 + 25 = 50

F：5 + 5 + 10 = 20

Total：175

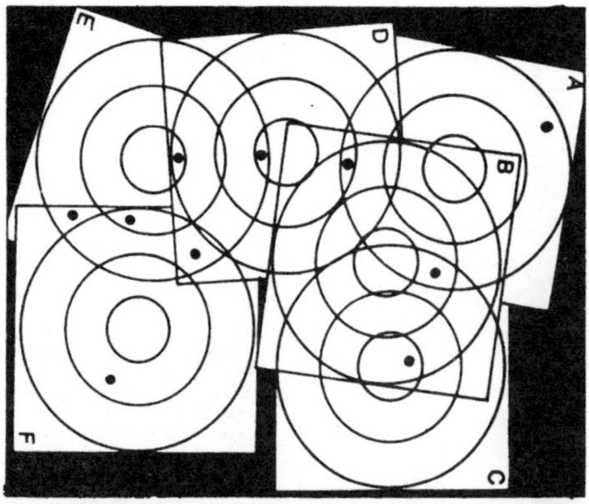

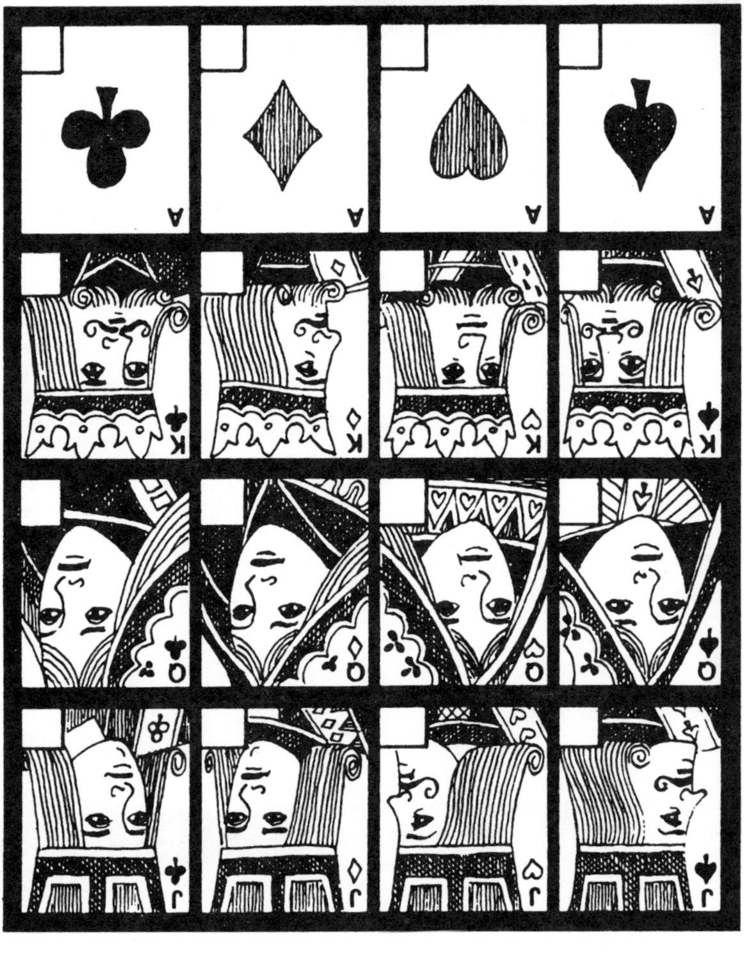

眼力题

49. 鸟的召唤

养鸟是不容易的。所以当一个动物园破产并决定把园里的动物赠送给公众去收养的时候，决定要考验一下每一个动物的收养者。举例来说，有十三只鸟排成一个圈，你希望收养其中一只巨大的有五英尺高的澳大利亚鹤。你必须通过动物园如下的测试：你必须把其他的鸟，一只一只地排除出去，最后才能获得你中意的澳大利亚鹤。从排成一圈的鸟中排除一只的方法是：从任意一只鸟开始，顺时针数，将数到 13 的那只鸟排除出去，然后从下一只鸟开始继续这个过程，直到只有一只鸟剩下来。你能成功地从十三只鸟中获得你中意的澳大利亚鹤吗？提示在 106 页，答案在 109 页。

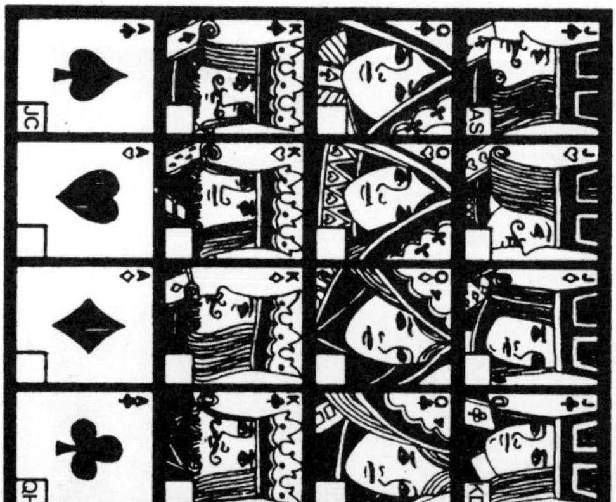

提示48：纸牌

四个角上的纸牌已经重新布置了，它们是正确答案的一部分。

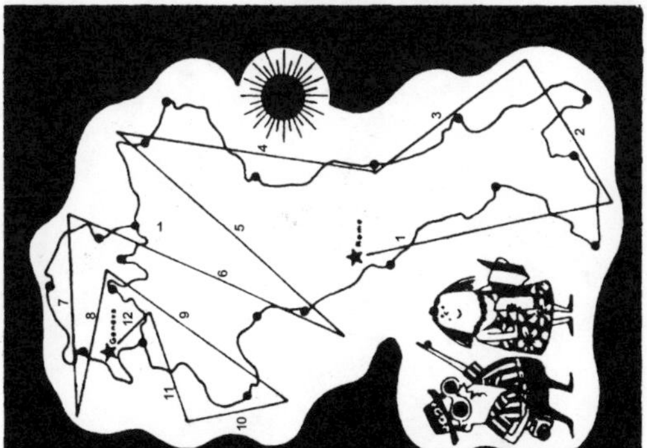

答案 47：威斯帕新娘

空间题

50. 时间之戳

一套天然气管道爆炸了，将一个打字机厂的仓库炸上了天，还把各种符号键炸到了太空轨道上。在一个未知的黑洞里，一个不明星球上的天文学家看到了这些符号，还在每天的早上用无线电天文望远镜拍了照片，一共拍了八天。请大家预测一下第九天的照片。你有两光年时间去解决这个问题。提示在 108 页，答案在 111 页。

提示 49：鸟的召唤

不要从靠近鹤（标有五角星）的位置开始数。开始的位置要尽量远离你的目标。

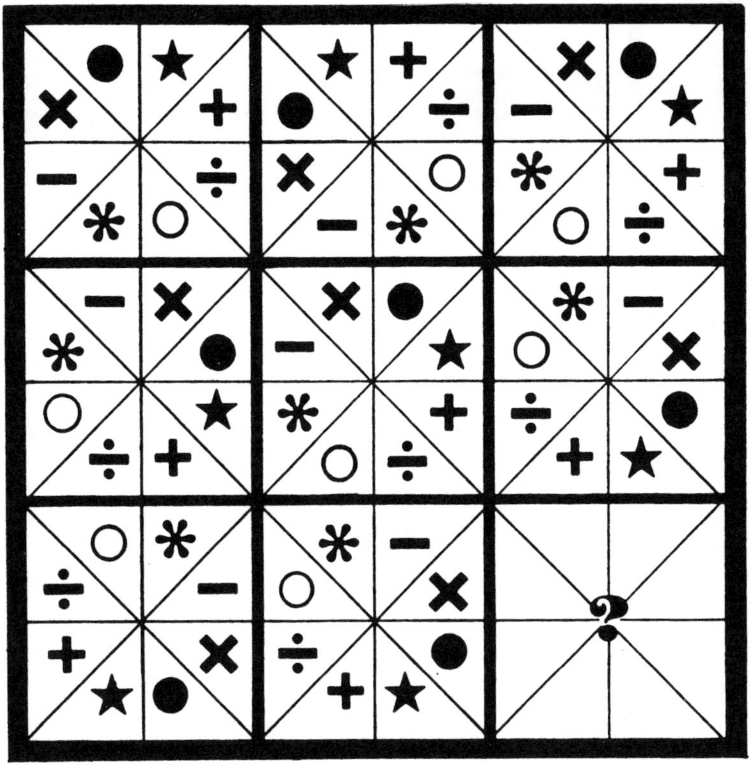

答案48：纸牌

路线题

51. 雪地足迹

很多年前，一所天才学校里的四个学生在雪地里玩耍。其中一个出了个主意："让我们排成一行（如图中 a、b、c、d 所示），背靠着校园的墙，然后我们各自跑回自己的宿舍（A、B、C、D）。下面是关键：如果其中任何一人的足迹与其他人的足迹交叉了，我们就回到这里重新来过。"这四个天才只重复了一次就成功地回到了各自的宿舍。如果你做不到这么好，请不用担心。平均时间是三分钟。提示在 110 页，答案在 113 页。

提示 50：时间之谜

请注意，每张图片里的符号的顺序是不变的。如果你能够把图片转个角度看看……

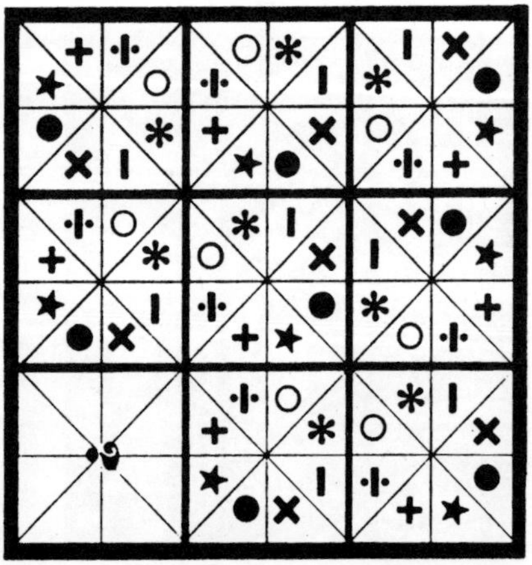

答案 49：鸟的召唤

给所有的鸟编上号，其中我们要选出来的澳大利亚鹤是 8 号。从 1 号鸟开始，按照规则开始数，我们将能得到想要的五英尺高的澳大利亚鹤。

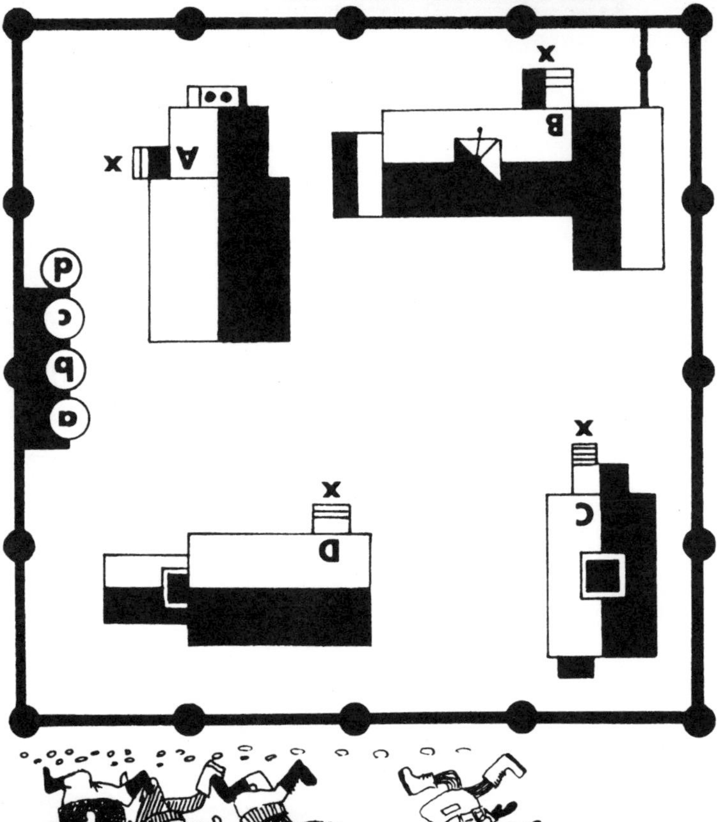

数字题

52. 神枪手威廉

自从威廉·退尔成功地射中了他儿子头上的苹果，他就变得有点爱炫耀了，总是要玩一些射别人帽子上的羽毛或者手上的酒壶一类的游戏。镇上的人们给他提出了一个新的目标，好让威廉安静一会。威廉被告知，仅仅射中如图靶纸上的数字是不够的，他首先要填出靶纸上空白位置的数字。如果你看到可怜的威廉斜着身子，眯着眼睛盯着靶纸，你可以告诉他不用一次一次地乱猜，靶纸上的数字是有逻辑关系的。如果你不能在两分半钟的时间里找出这个逻辑关系，你就把苹果放在头上，请我们的神枪手威廉来打吧。提示在 112 页，答案在 115 页。

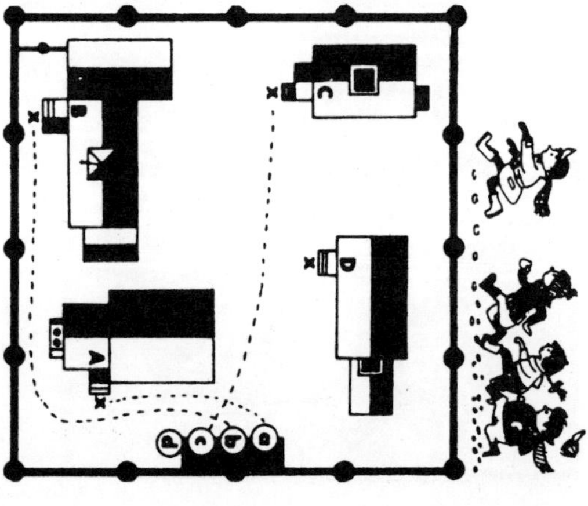

提示51：雪地足迹

如图所示，神童a和b想沿一条隔离的路径回宿舍，但是c就必然会与他俩的路径交叉。神童们必须重新来过。

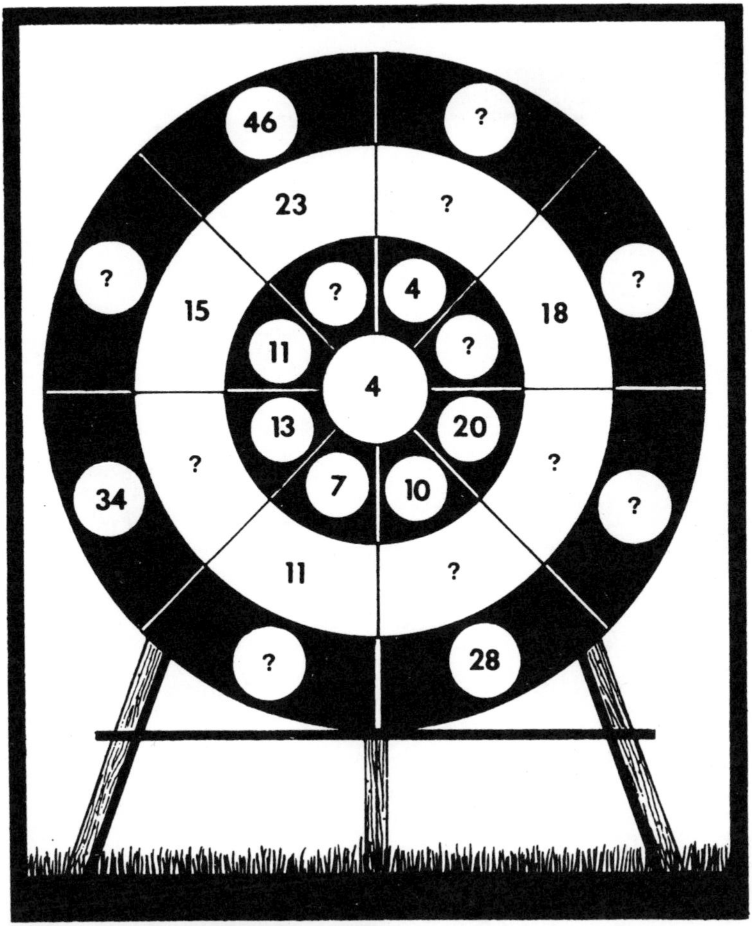

答案 50：时间之戳

从左上角的格子开始，沿着行的方向，你可以发现这样的序列关系：逆时针方向旋转一格；顺时针方向旋转两格；顺指针方向旋转一格。重复这样的旋转变化，你就能找出第九天的图案。

路线题

53. 访友

周日，萨莉开车到镇上去拜访一些朋友。她在朋友的房子里逗留的时间总是太长，招来违章停车的罚单，罚单的金额从 1 美元到 7 美元不等，见图上数字。每当萨莉吃到一张罚单，她就会直接跳跃（不要考虑跳跃是如何实现的）到镇上的其他地方，那里的罚单金额与她刚收到的是一样的。萨莉通常是从图中上方箭头所示的路线进入镇子，从下方箭头所示路线离开镇子。萨莉应该以什么样的顺序来访问朋友，从而使她收到的罚款总金额最低？记住，她总是开车到一个地方，然后跳跃到罚款金额一样的地方；再开车到下一个地方，再跳跃；直到她离开镇子。另外，萨莉不必拜访所有的朋友。她的罚款金额在 30 美元到 40 美元之间。解决这个问题的平均时间是五分钟。提示在 114 页，答案在 117 页。

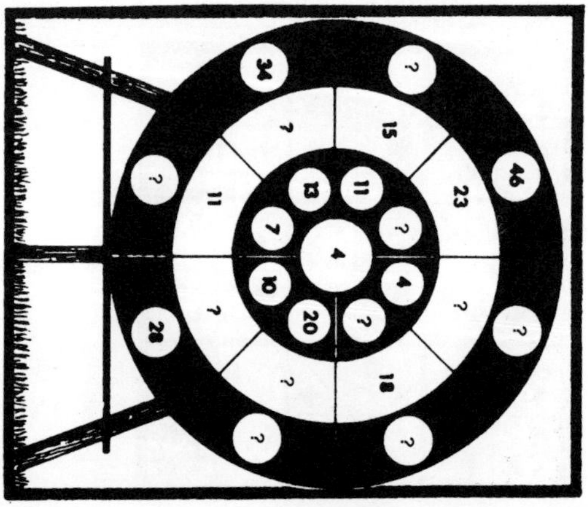

提示 52：神枪手威廉

你注意到了吗？

7 + 4 = 11

23 × 2 = 46

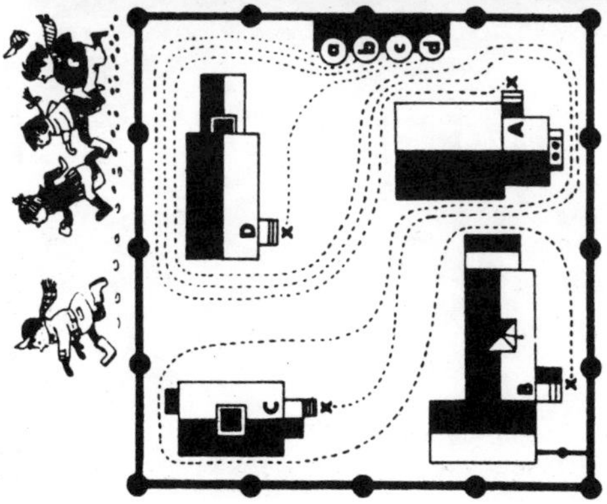

答案51：雪地足迹

数字题

54. 算术题

图中有四道没有完成的算术题，请你将数字填在格子里，将运算符号填在两个格子之间。如果你填对了，每一行都是一个类似于第一行所示的正确的等式。每个数字和符号都要被填入，而且只能用一次。解决这道题的标准时间是七分钟。提示在116页，答案在119页。

提示53：访友

第二个数字是第一个的两倍，第四个数字是第三个的两倍，第五个数字（最后一个）等于第二个和第三个的和。想出来了吗？

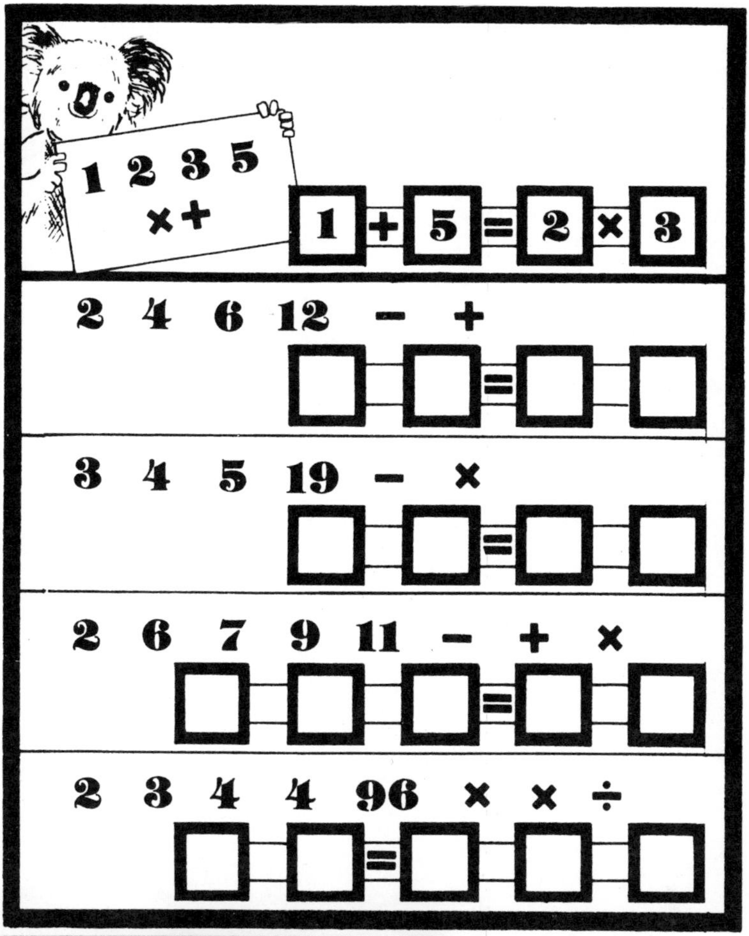

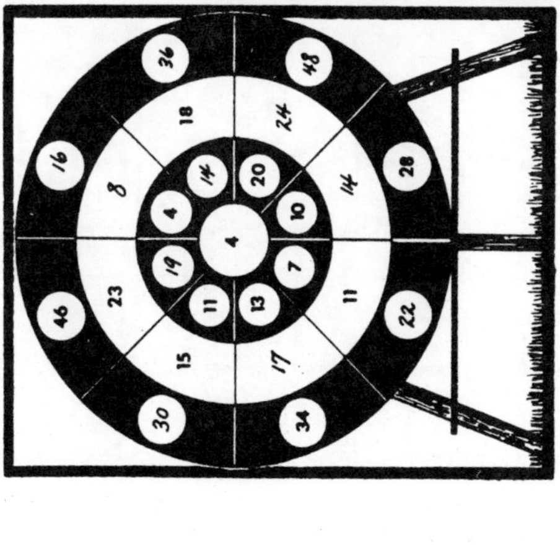

答案52：神枪手威廉

白色环中的数字等于中间数字和黑色小环中数字的和，黑色大环中的数字是白色环中数字的两倍。

路线题

55. 公路摩托车赛

二战后第一次国际公路摩托车拉力赛在法国巴黎举行。这次比赛的一个规则是：所有参赛选手进入维修站（图中所示的黑色圆点）的次数（包括最后冲线）必须是偶数，而且每个选手只能进入同一个维修站一次。冠军是一名五十三岁的保加利亚难民，他骑一辆 1951 年款的哈雷摩托车，总共进了十八个维修站（包括最后冲线）。你能在三分半钟内，在图上找出他的比赛线路吗？提示在 118 页，答案在 121 页。

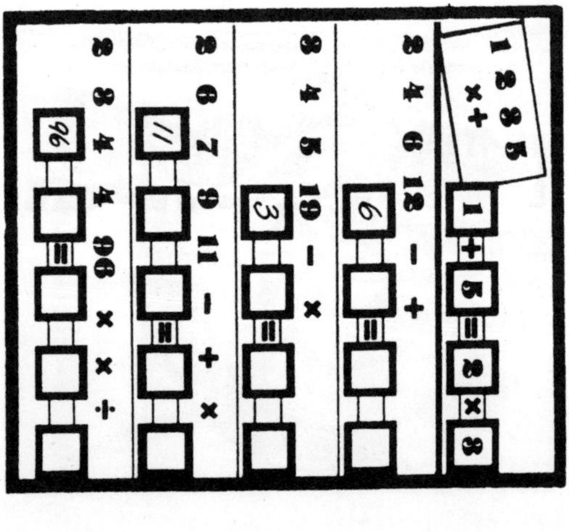

提示54：算术题

不要被你看到的数字的顺序所迷惑。如果数字中有4，则算式的最后一个数字就是4。图中列出了每个算式的第一个数字。

答案53：访友

从上方的箭头位置进入，开到3，然后跳跃至另一个3；开车到6，跳跃至另一个6；开车到1，跳跃至另一个1；开车到2，跳跃至另一个2；开车到7，跳跃至另一个7；从下方箭头处驶离。总的罚款是38美元。

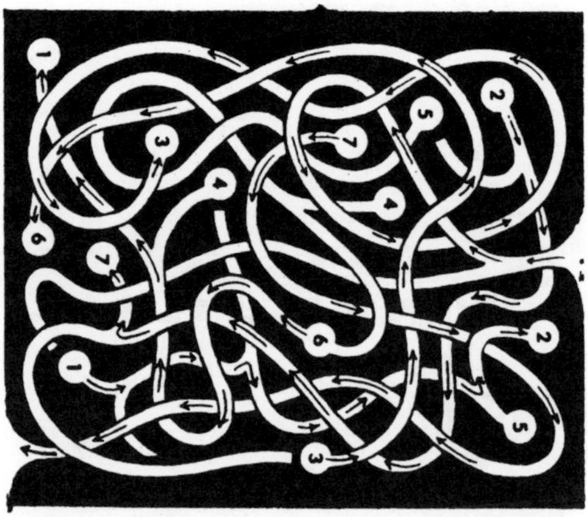

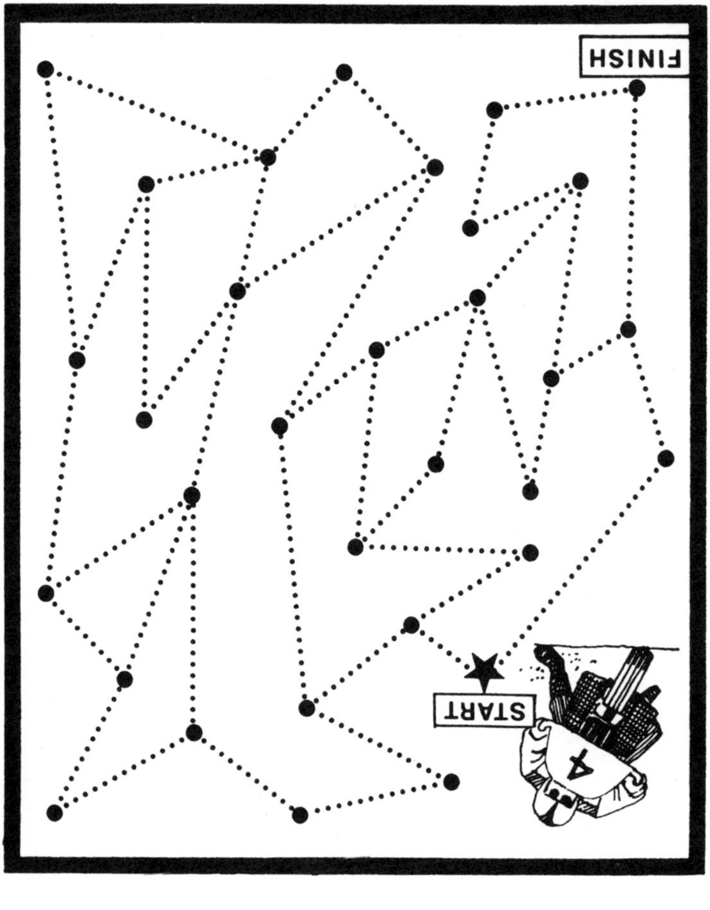

56. 等差数列

请在图中的空格里填上数字，使得每一组数字（横向或者竖向）形成一个等差数列。下页的左上角是两个简单的例子。一旦你发现这个游戏的窍门，就能非常快地填出所有的空格。可是如果你填错了一个数字，就会像填词游戏一样互相卡住。如果你不能在三分钟内找出正确的思路，请见 120 页的提示。完整的答案在 123 页。

提示 55：公路摩托车赛

冠军获得者，那个保加利亚人，在第一个路口很自然地选择了左转，然后穿过乡村，选择了一条尽量远离城市的路线。他一共进了八次维修站。

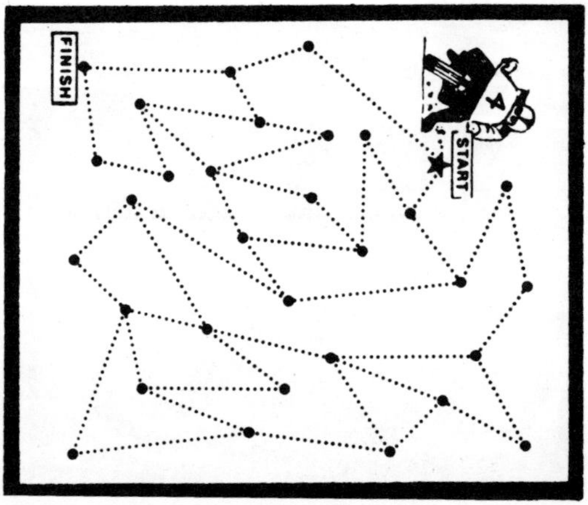

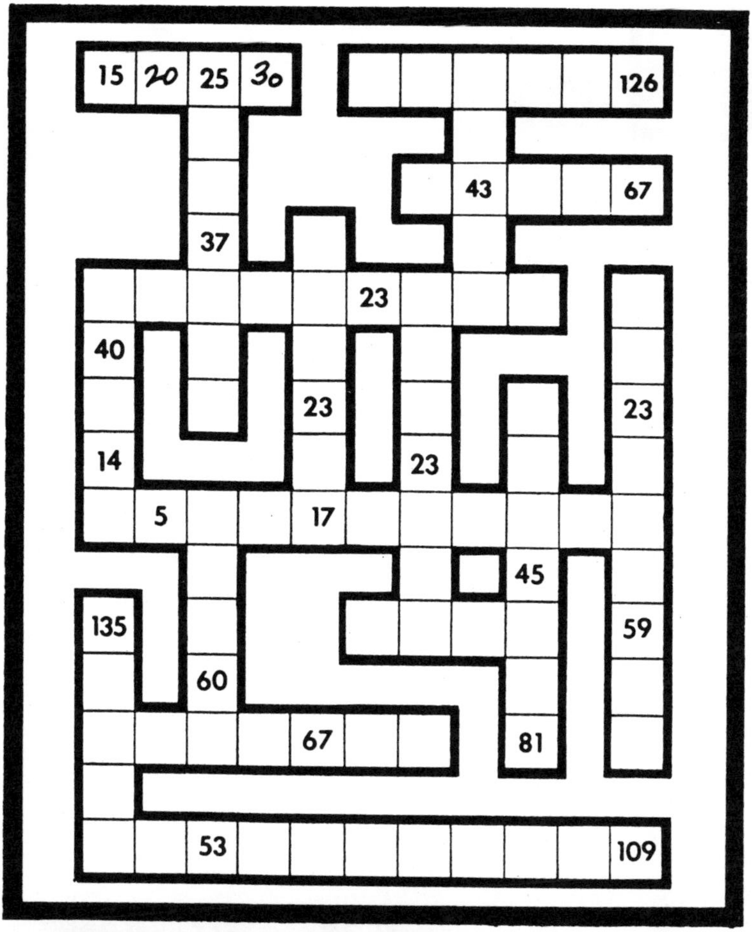
15
20
25
30
126
37
43
67
23
40
23
23
14
23
5
17
45
135
59
60
67
81
53
109

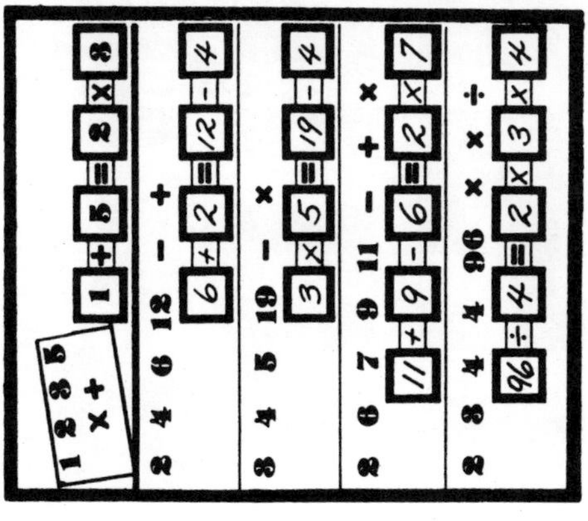
1 + 5 = 2 × 3
6 + 2 = 12 − 4
3 × 5 = 19 − 4
11 + 9 − 6 = 2 × 7
96 ÷ 4 = 2 × 3 × 4

答案54：算术题

57. 数字迷宫

右页图中每个格子里的符号代表着从该处出发能够前进的格子数，具体数字见图片上部的图例。找出到达底部圆圈最短的路径，出发点是从左上角的五个格子中任选一个。

图中阴影部分是从第四个格子出发的可能路径的示意图。第一步，肯定向下走到达三角形位置；再下一步，可以是横着走，也可以竖着走，能走三格。

到达圆圈的一个解法是十七步，总共走过五十四格。如果能在四分钟内想出来，就非常优秀了。请见 122 页的提示，完整的答案在 125 页。

提示56：等差数列

找一行或者一列是有两个数字的，将两个数字相减，再除以两个数字中间的格子数加1，这个结果就是该数列的等差。利用这个等差就能算出数列中其他的数字。

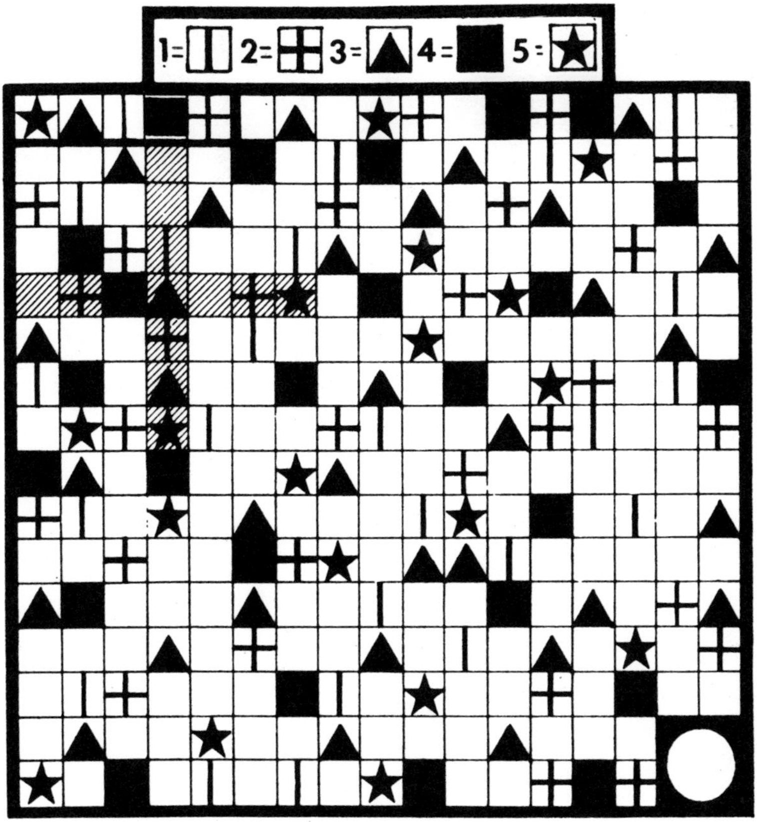

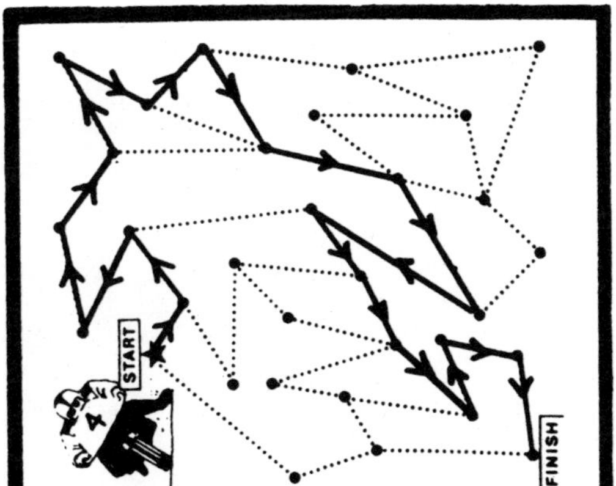

答案55：公路摩托车赛

空间题

58. 螺钉与螺母

伊万是个疯狂的发明家，他造了个柜子来存放那些神秘机器的配件。这个柜子有八十一个格子，现在存放了九个配件。伊万的机器从来就没有工作过，悠闲的发明家就摆弄他的柜子和配件。他把九个配件放在不同的格子里，而且没有任何两个零件是在一条线上（直的、横的和斜的）。一天，伊万从柜子里取了三个零件去修他的那辆 1941 年款斯蒂庞克轿车。事后，他在柜子里另外的三个格子（不是被取走的零件存放的位置）里放了三个零件，但是仍然满足所有零件都不在一条线上。伊万只用了两分钟就找到了新的位置，后来发明家就疯了。你用多长时间能找出哪三个零件被取走？新的零件又应该放在什么位置？请见 124 页的提示。答案在 127 页。

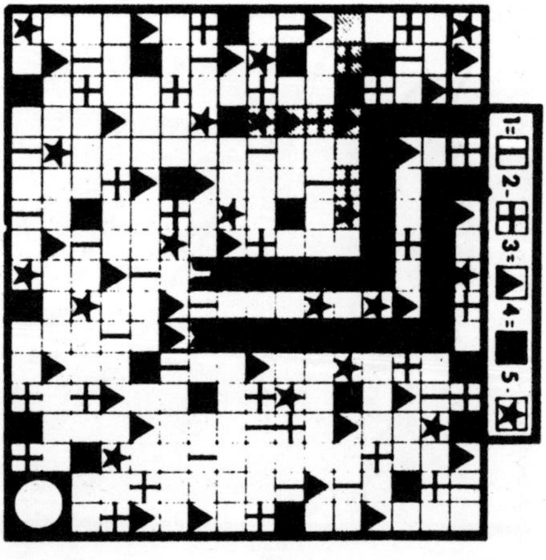

提示 57：数字迷宫

我们帮你开了个好头，如图所示正确的路径是从加号开始。

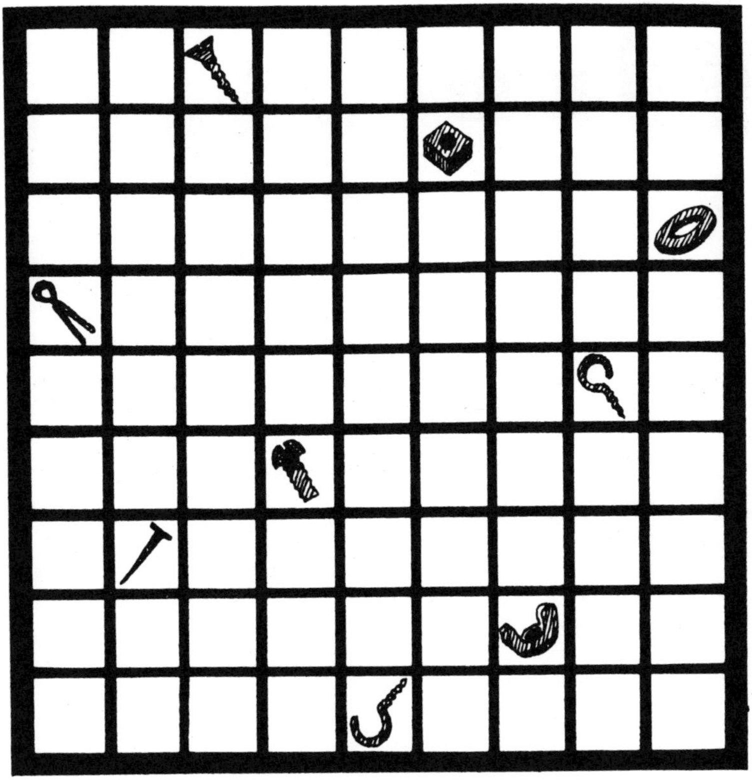

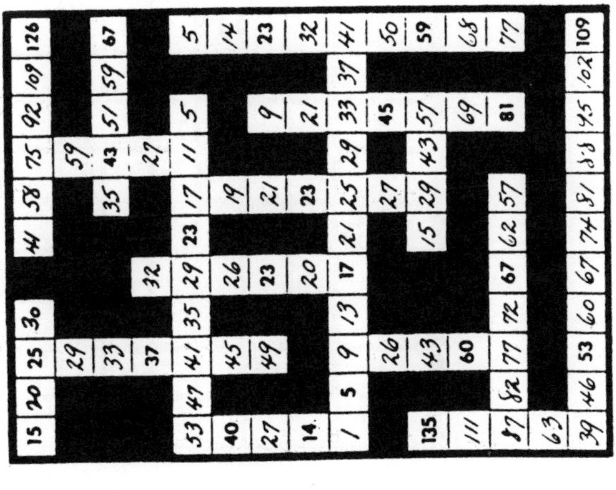

答案56：等差数列

眼力题

59. 读心术

这既是一道题，也是一个魔术。题目就是魔术的原理。你可以向你的朋友说你会读心术，邀请一个朋友从下页图中选出一个符号，然后告诉你这个符号出现在哪些行。举例来说，你朋友说，那个符号出现在第 2、4、5 行。然后你盯着右图看一会，接着神秘地说：“你选的符号是带圆圈的五角星。”请见第 126 页的提示，答案在第 9 页。

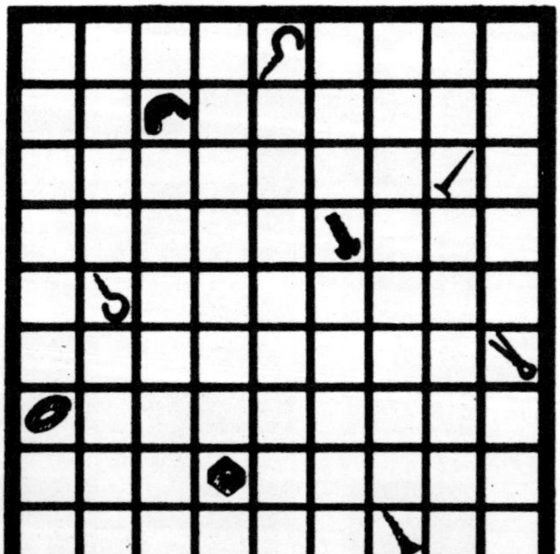

提示 58：螺钉与螺母

移动一样配件，势必导致其他配件位置的调整。我们可以告诉你，不需要移动螺母和钉子。

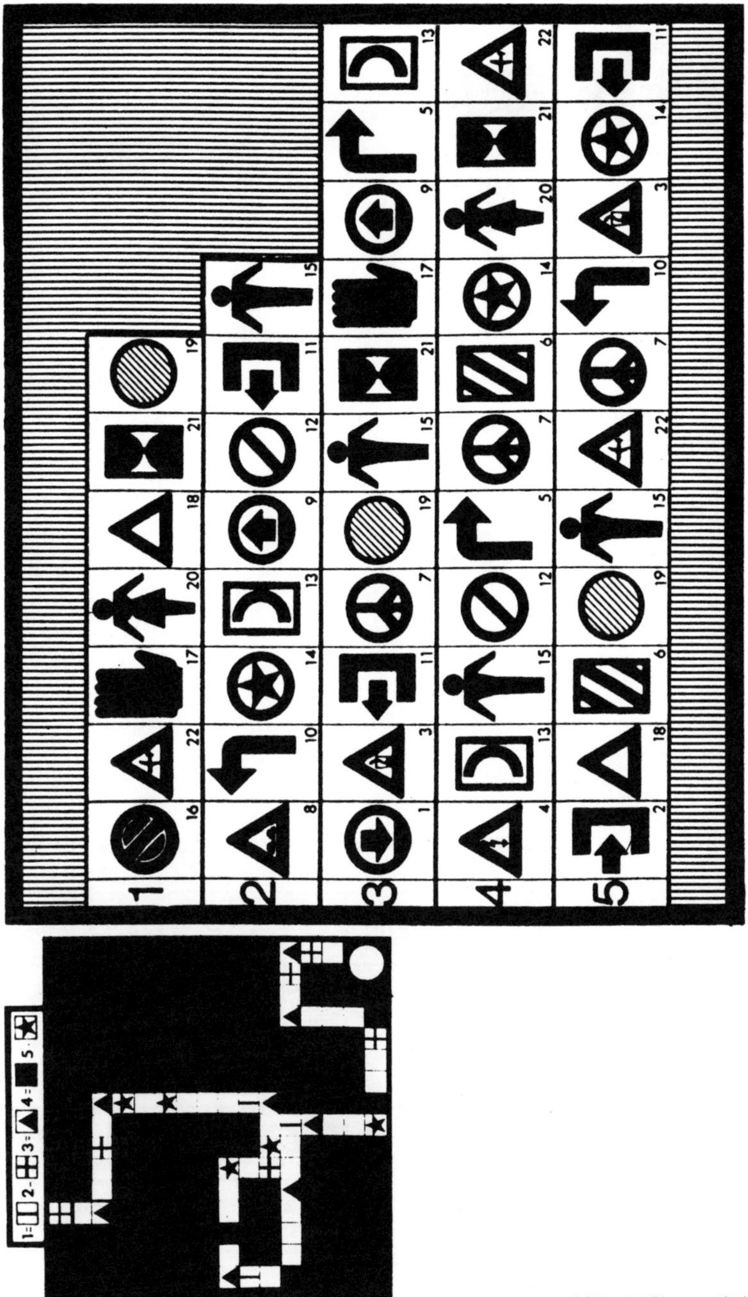

答案 57：数字迷宫

空间题

60. 有什么区别

一个造假者因为制造假币坐牢了。他在监狱里仿制了一个维多利亚时代的花瓶，见下页的图，但是他有 11 个地方做错了。请你找出这两个花瓶之间的区别，并用圆圈标示出来。优秀：10-11；良好：7-9；一般：5-6。请见第 8 页的提示，答案在第 11 页。

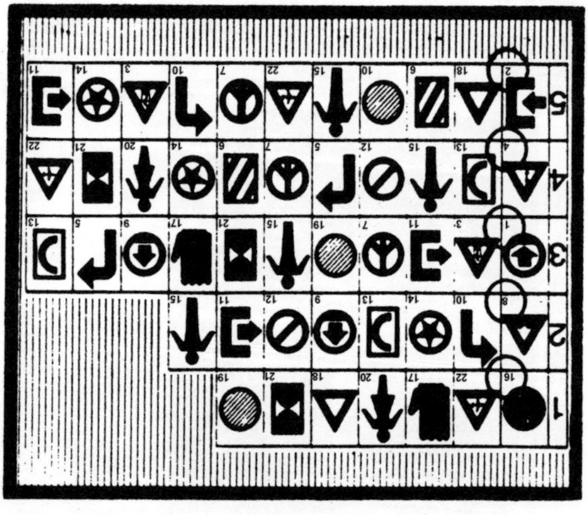

提示 59：读心术

请注意每个格子右下角的数字。左边第一列中的数字是最重要的。

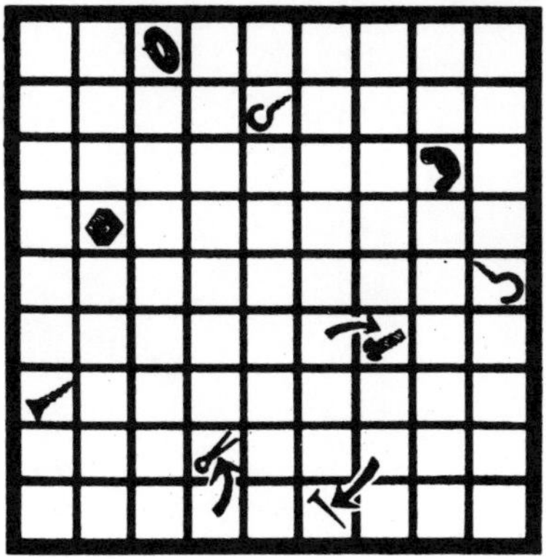

答案58：螺钉与螺母

索 引